THEORIE UND TAXIS

SEBASTIAN 23

THEORIE UND TAXIS

Auswege aus der Philosophie

»Ich wohn in meinem eignen Haus
Hab niemandem nie nichts nachgemacht
Und lach noch jeden Meister aus
Der sich nicht selber ausgelacht.«
Friedrich Nietzsche

© Sebastian Rabsahl/Carlsen Verlag GmbH, April 2014
Alle Rechte vorbehalten
Lektorat: Oliver Domzalski
Herstellung: Wiebke Düsedau
Umschlaggestaltung: Christina Hucke unter Verwendung
einer Fotografie von Martin Steffen
Satz: Dörlemann Satz, Lemförde
Druck und Bindung: GGP Media, GmbH, Pößneck
ISBN 978-3-551-68133-1
Printed in Germany

www.carlsen.de
www.carlsenhumor.de

Inhalt

1.	Paul Borchert wartet	7
2.	Noch Fragen?	10
3.	Was finden Philosophen lustig?	16
4.	Wie kann man gerecht teilen?	19
5.	Was ist Wahrheit?	25
6.	Was ist Tugend?	29
7.	Gibt es ein Leben nach dem Tod?	35
8.	Glaubst du an den Unterschied zwischen Wissen und Glauben?	41
9.	Ist diese Frage paradox und nicht?	44
10.	Was ist Liebe?	50
11.	Ich komm aus Bochum – woher kommt das Universum?	55
12.	Was ist Freundschaft?	61
13.	Ist der Unterschied zwischen Geist und Materie eigentlich materiell oder geistig?	65
14.	Was' los DiskoPanzer?	69
15.	Was ist der Unterschied zwischen Mensch und Tier?	73
16.	Was ist Tapferkeit?	77
17.	Was ist Glück?	80
18.	Was ist Kultur?	85
19.	Ist das Kunst oder kann das was?	89
20.	Ist verrückt was?	93
21.	Warum ist Kausalität?	100

22.	Was ist Leben?	104
23.	Woran erkenne ich Arbeit und wie umgehe ich sie unauffällig?	108
24.	Was ist der Sinn des Lebens?	114
25.	Was ist schön? Jetzt außer Natalie Portman …	119
26.	Wo finde ich die Wirklichkeit?	123
27.	Und was ist dieses »Ich«, von dem die Leute immer reden?	129
28.	Was ist Zeit? Und, Anschlussfrage: Wie spät ist es?	133
29.	Was ist Denken?	136
30.	Was ist Freiheit?	139
31.	Epilog	145
	Glossar der schwierigen Wörter	149
	Bildnachweis	159

1. Paul Borchert wartet

Sokrates, Descartes, Kant, Paul Borchert.

Ich denke, da wird nichts draus. Mit meinem Namen kann man einen Bausparvertrag unterzeichnen, aber für einen Ehrenplatz in der Philosophie-Geschichte reicht es wahrscheinlich nicht.

Paul Borchert.

Vielleicht liegt es aber auch gar nicht am Namen.

Einstein hat angeblich einmal gesagt, er hätte zwanzig Jahre gebraucht, um den ganzen Unfug zu vergessen, den man ihm an der Universität beigebracht hatte. Mir ist das wesentlich schneller gelungen. Das ist aber das Einzige, was ich Einstein voraushabe – das und volleres Haar.

Genau davon möchte ich erzählen. Also, nicht von den Haaren, sondern vom Vergessen.

Dieses Buch ist das Zeugnis von einem, der sich mit Neugier und vielen Fragen ins Philosophiestudium stürzte und dann jahrelang mit Wissen aufgefüllt wurde, bis es ihm zu den Ohren wieder raustropfte. Quellenangaben, Autoren, Jahreszahlen, Varianten in der Übersetzung altgriechischer Originale, um nur mal ein paar Stichworte in den Raum zu schmeißen. Und wie mir das alles zu den Ohren raustropfte.

So lange, bis nicht mehr viel drin war.

Heute geht es mir wie den meisten Absolventen eines Philosophie-Studiums: Ich habe sehr, sehr viel Freizeit. Sogar während ich arbeite, sitze ich meistens vor dem Hauptbahnhof rum.

Philosophie heißt ja »Liebe zur Weisheit« – aber nirgendwo steht geschrieben, dass das eine glückliche Liebe sein muss. Bei mir lief das eher so tragisch, die Universitätsphilosophie und ich haben uns irgendwann auseinandergelebt. Jetzt wechseln wir die Straßenseite, wenn wir uns in der Stadt begegnen. Beide.

Das Sorgerecht für die Kinder hab allerdings ich gekriegt – und als Alimente kriege ich einmal pro Monat einen fragenden Gesichtsausdruck samt Stirnrunzeln.

Denn was auch nach fünf Jahren Studium immer noch in meinem Kopf ist, sind die Fragen. Viele Fragen. Große Fragen. Und um meine Wartezeit ein wenig zu überbrücken, hab ich sie alle aufgeschrieben. Wie sagte Heinz Erhardt schließlich einst so schön:

»Das Reh springt hoch, das Reh springt weit – warum auch nicht, es hat ja Zeit.«

Soll heißen: Wenn ich schon hier vor dem Bahnhof rumsitze, dann kann ich die Gelegenheit ja auch nutzen, mir den ganzen Schlamassel mal von der Seele zu schreiben.

Jemand hat mal gesagt, die knapp zweieinhalb Jahrtausende westlicher Philosophie-Geschichte seien lediglich Fußnoten zu Platon.

Bei mir ist das anders, ich mache eher Handstände als Fußnoten.

Daher ein Wort an die Bewohner der Elfenbeintürme der akademischen Festungen, die jetzt sicherlich bereits die Füße über dem Kopf zusammenschlagen: Wenn euch fehlerhafte Formulierungen, mangelnde Quellenangaben oder ganz und gar verdrehte Zitate auffallen, dann seid frei nach Nietzsche versichert, dass alle Fehler beabsichtigt sind. Sie sollen dazu dienen, dass ihr was zum Kritisieren und Lästern habt – dann seid ihr von der Straße weg und ich habe freie Fahrt.

Und über Einsteins Haarwuchs schreibe ich dann das nächste Buch.

Vielleicht heißt es »Nichts drauf, aber viel drin«.

2. Noch Fragen?

Ich kenne mich wirklich gut aus mit Fragen, denn ich habe Philosophie studiert. Dabei erlernt man manchmal auch Worte, mit denen man Scrabble-Millionär werden kann.

Unter anderem war ich erstmals in meinem Leben mit dem Ausdruck »Phänomenologie« konfrontiert. Wochenlang übte ich mich daran, das auszusprechen, und ich kann gar nicht mehr sagen, wie oft ich mich in den Schlaf geweint habe, weil nichts aus mir kam als »Flämmonemmologie« oder »Wemmolonogie« oder »Scheiße«.

Davon abgesehen drehte sich das ganze Philosophie-Studium um Fragen. Jedoch waren das auch keine einfachen Fragen wie »Wie spät ist es?« oder »Wenn Scheiterhaufen wieder erlaubt sind, wen verbrennen wir dann als Erstes?«.

Das ist leicht beantwortet: »Viertel vor zwölf und Markus Lanz«.

Aber Philosophie-Studenten sehen sich mit ungleich schwierigeren Fragen konfrontiert, Fragen, über die die besten Denker der Welt seit Jahrtausenden grübeln. Fragen, die Professoren Angstschweiß auf die von »Fickwunsch zerfurchte Stirn«[1] treiben. Fragen, die schwieriger sind, als vor einem übel beleumundeten Nachtclub den Türsteher mit einer präzisen Widerlegung der vierfachen Wurzel des Satzes vom zureichenden Grunde zu beeindrucken. Fragen, die wohlmöglich niemals abschließend beantwortet werden können.

Fragen wie diese hier:

»Was kann man mit einem Philosophie-Studium eigentlich beruflich machen?«

Ich gebe zu, die Frage wäre einfacher zu beantworten, wenn man am Ende seines Studiums statt einem Magister-Zeugnis direkt einen Taxischein kriegen würde. Kriegt man aber nicht. Da liegt in unserem Bildungssystem einiges im Argen. Man studiert 33 Semester und am Ende kriegt man ein Zeugnis, das zu nichts taugt, außer dem im bürokratischen Ernst versteinerten Gesicht eines Berufsberaters im Arbeitsamt das erste Lächeln seit der Erfindung des verstellbaren Stempels abzuringen.

Meine Eltern haben es kommen sehen. Als ich von meinen Studienplänen berichtete, schlug Vater vor, ich solle doch lieber Wahrsager werden, das sei ein Beruf mit Zukunft.

Ich entgegnete, dass ich es wohl wüsste, wenn ich Wahrsager werden würde.

Mutter drehte an ihrem verstellbaren Stempel und drückte dann zwei tintenschwere Worte auf schneeweißes Papier: »Stumme Verzweiflung.«

---

1 Danke dafür, Klaus Kinski!

Ich hab mich seitdem oft gefragt, wie es überhaupt so weit kommen konnte.

Als ich jünger war, träumten alle in meiner Klasse davon, Polizist, Popstar oder Pornodarsteller zu werden. Während die meisten nichts davon wurden und stattdessen eine Karriere als Status-Updater bei Facebook einschlugen, schaffte es Kai aus der 3c, alle drei Sachen zu werden.

Sie kennen ihn vielleicht aus dem erotischen Kriminal-Musical »Gummiknüppel-Kai und die Spermavampire vom Mars«. Der Kai hat es geschafft – er lebt den Traum.

Aber ich wollte erstaunlicherweise etwas anderes. Ich wollte schon immer Philosoph werden. Fragt mich mal, warum. Ich weiß das zwar nicht, aber ich mag die Frage. Genau wie diese hier:

»Was kann man mit einem Philosophie-Studium eigentlich beruflich machen?«

Wenn ihr diese Frage einem Philosophen stellt – wisst ihr, was dann passiert? Er wird unter leisem Knirschen die Stirn in Falten werfen wie eine Lederjacke aus den frühen Siebzigern. Sein Kopf wird zu brummen beginnen wie eine an ADHS erkrankte Hummel auf Speed im Windkanal. Schließlich wird sich der Philosoph aus unerfindlichen Gründen an das Kinn greifen und mit ruhiger Stimme sagen:

»Das kommt ganz darauf an, wie du ›Beruf‹ definierst.«

Ich muss das übersetzen – das ist Philosophisch und heißt auf Deutsch: »Keine Ahnung.«

Aber das rhetorische Mittel ist glorios. Man kann es übrigens auch privat bei kritischen Fragen einsetzen:

Das philosophische Quartett
Weise · A1

Buddha
(Siddhartha Gautama)
Geburt: 563 v. Chr.

Bart: -
Bücher: 0
Familie: erst verheiratet und ein Kind, dann erleuchtet
Ableben mit: 80
(verdorbenes Essen)
Google-Hits: 105.000.000
Weisheit: 13
Skill: Fand die goldene Mitte.

Das philosophische Quartett
Weise · A2

Sokrates
Geburt: 469 v. Chr.

Bart: Vollbart (ca. 15 cm)
Bücher: 0
Familie: Ehefrau Xanthippe und drei Kinder
Ableben mit: 70
(zum Tod durch Gift verurteilt)
Google-Hits: 13.820.000
Weisheit: 13
Skill: Wusste, dass er nichts wusste.

Das philosophische Quartett
Weise · A3

Konfuzius
Geburt: 551 v. Chr.

Bart: Vollbart (ca. 30 cm)
Bücher: 5
Familie: verheiratet, ein Sohn
Ableben mit: 79
(unbekannte Ursache)
Google-Hits: 1.140.000
Weisheit: 13
Skill: Lebte in Harmonie mit dem Weltganzen.

Das philosophische Quartett
Weise · A4

Franz Beckenbauer
Geburt: 1945

Bart: -
Bücher: 5
Familie: drei Ehefrauen, fünf Kinder
Ableben mit: steht noch aus
Google-Hits: 2.410.000
Weisheit: 13
Skill: Für einen Denker erstaunlich sportlich.

»Sind Sie der Irre, der Markus Lanz angezündet hat?«
»Das kommt darauf an, wie Sie ›Irre‹ definieren.«
»Wie spät ist es?«
»Das kommt darauf an, wie du ›spät‹ definierst.«
»Sag mal, Schatz, hast du grade dieser Frau auf den Arsch gestarrt?«
»Das kommt ganz darauf an, wie du ›Arsch‹ definierst.«
»Indem ich auf dich zeige …«

Kann auch nach hinten losgehen. Das rhetorische Mittel, meine ich.

In meinem Fall habe ich ja eine ganz eigene Lösung gefunden und bin hauptberuflich Planlos geworden. Vater hatte viele tausend Euro in meine Ausbildung zum Philosophen gesteckt und reagierte daher etwas ungehalten, als ich recht abrupt das Gleis wechselte wie ein verspäteter Regionalexpress voller ukrainischer Transsexueller auf dem Weg zur Geschlechtsumwandlung.

Dabei hatte ich auf einen günstigen Moment gewartet, um es kundzutun – bei einem Weihnachts-Familientreffen. Doch Vater reimte spontan: »Kann ja wohl nicht ernsthaft sein – gleich haue ich dir eine rein!«

Über diesen unfreiwilligen Reim mussten wir beide lachen, sodass der Weihnachtsbaum zitterte wie ein Spermavampir vor Knüppelkai. Später drehte Mutter sehr lange an ihrem verstellbaren Stempel und presste dann eine Frage auf einen vergilbten unfrankierten Briefumschlag: »Kann man davon leben?«

»Das kommt darauf an, wie man ›Leben‹ definiert.«

Meine Eltern schüttelten den Kopf ob dieses Marc-Uwe-

Kling-Zitats und überreichten mir mein Weihnachtsgeschenk. Voller Vorfreude riss ich die Schleife ab, das Papier auf und die Mundwinkel nach oben vor Glück!

Ein Taxischein.

Was habt ihr denn gedacht, was ich beruflich am Hauptbahnhof mache?

3. Was finden Philosophen lustig?

Philosophen sind nicht unbedingt dafür bekannt, lebensfrohe Zeitgenossen zu sein. Nur selten sieht man Menschen, die über die deduktiven Methoden der Scholastik promoviert haben, in Fun-Shirts mit einem Sangria-Eimer auf dem Kopf und untenrum nackt im näheren Umfeld des Kölner Karnevals beim Salsa-Tanzen mit einem tschechischen Hafen-Clown.

Ich weiß jedoch nicht genau, ob das überhaupt als Inbegriff der Lebensfreude gelten sollte. Woher auch, ich bin schließlich Philosoph.

Ich glaube allerdings, dass das jetzt wiederum eine deduktive Folgerung war. Kann aber auch sein, dass ich mich vertue, ich kann mit dem Sangria-Eimer auf dem Kopf nicht richtig denken.

Der traditionelle Philosoph ist missmutig, misanthrop und hält von Miss-Wahlen im Privatfernsehen so viel wie ein Vegetarier von Grober Leberwurst im Speckmantel. Er hat sich halt nicht wie ein legasthenischer Tätowierer der Oberflächlichkeit verschrieben.

Ich bin da etwas lockerer. Darum steht auf meinem Oberarm auch »Alles Schlompen außa Mutti«.

Wenn man zuviel denkt, ist das mitunter sogar gefährlich. Lasst mich das Problem mit einem Beispiel veranschaulichen, in dem Marmeladenbrote eine Hauptrolle spielen.

Wenn man einen hungrigen Philosophen genau in die Mitte zwischen zwei Marmeladenbroten hinsetzt, dann beweist er einem die Unmöglichkeit einer Entscheidung für eine der beiden Schnittchen. Da die beiden Brote genau gleich weit entfernt sind, ist die Motivation in beide Richtungen gleich stark. Der Philosoph ist also zwischen den beiden Broten gefangen, als würde von beiden Seiten gleich stark an ihm gezogen. Logischerweise verhungert er, denn Stirnrunzeln füllt den Magen nicht.

Dann tritt der Denker vor seinen Schöpfer und teilt diesem erst mal mit, dass er Atheist ist.

»Genau wie meine Mutter«, entgegnet Gott mit schiefem Grinsen, »die glaubt auch nicht an mich.«

Im selben Moment schnipst der Allmächtige mit unsichtbaren Fingern und dem Philosophen wächst ein grüner Rüssel auf der Stirn. Gott lacht. Der Philosoph nicht. Er legt seine Stirn in Falten und murmelt:

»Challenge accepted!«

Dann räuspert er sich und fragt mit Nachdruck:

»Lieber Gott, wenn du allmächtig bist, kannst du dann einen Stein schaffen, der so schwer ist, dass du ihn selbst nicht mehr hochheben kannst?«

Gott will antworten, zögert dann aber einen Moment. Dann schafft er einen Stein und deutet drauf.

»Da, bitte.«

»Und den kannst du nicht hochheben?«, will der Philosoph wissen.

Gott verschränkt die Arme hinterm Rücken, blickt zu Boden und schüttelt den Kopf.

»Ehrlich nicht? Du bist doch allmächtig, oder?«

Es bleibt still. Bis der Denker wieder das Wort ergreift.

»Siehst du, geht nicht. Und jetzt geh und mach mir einen Kaffee, oder kannst du das auch nicht?«

Gott nickt beschämt. Er geht in die Himmelsküche, auf der Erde leuchtet der Horizont rot auf. Es dauert ein paar Minuten, in denen sich der Philosoph selbstzufrieden ein Pfeifchen stopft. Dann kommt Gott zurück. Mit Kaffee für den Philosophen. Sogar mit zwei Tassen.

Dem Philosoph weicht das Grinsen aus dem Gesicht, während der Allmächtige beide Tassen gleich weit von ihm entfernt auf den Tisch stellt.

Dann entdeckt Gott die Pfeife und zeigt auf ein Rauchverbotsschild, das an eine Schäfchenwolke gehängt wurde. Der Denker kratzt sich ängstlich am grünen Rüssel, denn er ahnt, wo der Raucherraum im Jenseits ist.

Langsam dämmert ihm, dass seine Widerlegung der Marmeladenschnittchen zwar folgerichtig war, aber trotzdem falsch.

Dann lacht er, so dass der grüne Rüssel auf seiner Stirn lustig hin- und herschwingt. Denn genau das ist der Humor von Philosophen.

4. Wie kann man gerecht teilen?

Um das Thema »Teilen« sammeln sich die klugen Sprüche wie die Stockenten um Rentner am Seeufer im Stadtpark.
  »Geteiltes Leid ist halbes Leid«, »Geteilte Freude ist doppelte Freude«, »Teile und herrsche«, »Teile mit Weile«, »Tyler Durdon«, »Das Ganze ist mehr als die Summe der Teile«, »Verteile doch – du bist so schön …«.
  Wenn man aus dieser Anhäufung etwas folgern kann, dann, dass das mit dem Teilen immer schon ein Problem war. Egal, ob man davon ausgeht, dass die Realität aus unendlich vielen Teilen zusammengesetzt ist oder dass sie ein Ganzes ist, das man zerteilen kann – man kommt um das Teilen nicht herum.
  Und am Teilen hängt die Gerechtigkeit so nah wie das Poster an der Heftzwecke.

Stellt euch vor, jemand teilt sich mit euch einen Käsekuchen, allerdings hat er diesen in zwei ungleiche Teile geschnitten. Sowas ist euch ja sicher schon oft passiert. Und an dieser Situation kann man den Begriff der Gerechtigkeit irre gut erklären.

Was ist nun also Gerechtigkeit in Bezug auf diesen Käsekuchen, der in zwei ungleich großen Hälften vor euch liegt wie eine Bibel, die ein freundlicher Heide zwischen Altem und Neuem Testament zersägt hat?

Wenn ihr jetzt dem Kuchenspender eine reinhaut und den ganzen Kuchen allein esst, dann ist das definitiv ungerecht. Und ihr kriegt auch noch Bauchschmerzen. Und Karies.

Aber falls der Kuchenspender mit der gebrochenen Nase euch scheinbar edel einen echt schlechten Zahnarzt empfiehlt, der euch aus Versehen das Ohr abschneidet, dann hat er sich zumindest gerächt. Deswegen heißt das zwar auch nicht Gerechtigkeit, aber ihr ab sofort van Gogh.

Doch seid nicht traurig, malt lieber Sonnenblumen! Ich meine, mit einem appen Ohr könnt ihr eure nagelneue Stereoanlage zwar nur noch als Monoanlage nutzen, sicher, das ist schlimm. Andererseits wird in Zukunft keiner mehr Stereotyp zu euch sagen. Und vielleicht werdet ihr gecastet für die Hauptrolle in Ein-Ohr-Hase. Wenn ihr dann bei einem Blick in den Spiegel feststellt, dass ihr zufällig Til Schweiger seid, dann ist das Gerechtigkeit.

Natürlich war das ein ziemlich einfaches Beispiel – das passiert einem ja, wie gesagt, jeden Tag. Spannender wird die Frage nach gerechtem Verhalten in schwierigeren, komplexen Situationen. Ein waschechter Philosoph gerät erst ins mentale Knuspern, wenn er zum Beispiel vier Kinder hat und dann bei einem Blick in die Zuckertüte feststellt, dass genau 17 Bonbons darin sind.

Wie soll man 17 Bonbons unter vier Bälgern aufteilen?

Das philosophische Quartett
Rebels   B1

Paul Feyerabend
Geburt: 1924

Bart: -
Bücher: 13
Familie: verheiratet
Ableben mit: 70
(Hirntumor)
Google-Hits: 322.000
Weisheit: 8
Skill: Verglich die Wissenschaft mit Punkrock.

Das philosophische Quartett
Rebels   B2

Theodor W. Adorno
Geburt: 1903

Bart: -
Bücher: 31
Familie: verheiratet
Ableben mit: 65
(Herzinfarkt)
Google-Hits: 984.000
Weisheit: 5
Skill: Papa der Studentenbewegung.

Das philosophische Quartett
Rebels   B3

Baruch de Spinoza
Geburt: 1632

Bart: -
Anzahl der Bücher: 9
Familie: Single
Ableben mit: 44
(Lungenschwindsucht)
Google-Hits: 1.180.000
Weisheit: 6
Skill: Hatte geschliffene Linsen.

Das philosophische Quartett
Rebels   B4

Jean-Jacques Rousseau
Geburt: 1712

Bart: -
Bücher: 13
Familie: Frau und drei Kinder
Ableben mit: 66
(Schlaganfall)
Google-Hits: 21.400.000
Weisheit: 5
Skill: Schrieb über Pädagogik und verstieß seine Kinder.

Die Kinder stehen mit eingefallenen Wangen hungrig im Halbkreis um den Schreibtisch, an dem der Philosoph äußerlich ganz ruhig bleibt, während es aber hinter seiner Stirn rotiert wie ein Dreijähriger in der Waschmaschine.

Auf dem Schreibtisch des Denkers stapeln sich die zerlesenen Bücher über Moralphilosophie. Kant küsst Kierkegaard, Locke liegt auf Lukrez – daneben ein Stapel abgewetzter Taschenrechner. 17 durch 4. Das ist schwierig – 17 und 4 wäre einfacher, dann wäre die Lösung Black Jack. Aber 17 Bonbons durch 4 Kinder?

Wirre Skizzen und Kratzer im Holz zeichnen das Bild eines intensiven Denkprozesses. Der Philosoph trinkt Erdbeer-Punsch und hält mit glasigem Blick die Anleitung eines Taschenrechners; er blättert darin wie der Herbstwind in einem Mischwald. Unter seiner Haut zeichnen sich weiß die Knochen ab. Die vier Kinder knirschen leise. Vor dem Fenster flaniert unzusammenhängend ein trächtiges Einhorn.

Nach Stunden, Tagen oder Wochen, das kann keiner mehr so genau sagen, steigt der Denker auf seinen Schreibtisch, beschwört den Geist von Kant und lässt sich rückwärts auf die Kante des Tisches knallen, in der Hoffnung, die Lösung falle ihm im Fall ein.

Er hält das für eine gute Idee; ich vermute eher, da war der Punsch Vater des Gedankens.

Doch vielleicht täusche ich mich, denn kurz darauf, im Krankenhaus, kommt dem Philosophen die Erleuchtung! »Heureka!«, ruft er, doch niemand hört ihn. Er ist der Einzige im Krankenhaus, denn es geht allen viel zu gut.

Aber das Problem mit den 17 Bonbons hat er trotzdem

gelöst: Er muss sich einfach aus einer seiner Rippen ein achtzehntes Bonbon schnitzen und seinen Erstgeborenen erschießen.

Dann kriegt jedes der drei übrigen Kinder sechs Bonbons.

Das ist zwar etwas alttestamentarisch, aber immerhin gerecht.

Als der Philosoph am Abend entlassen wird und freudestrahlend nach einem Umweg zum Waffenladen nach Hause zurückkehrt, ist er bass erstaunt.

Seine Kinder haben die Bonbons irgendwie doch schon unter sich aufgeteilt. Und sie haben ihm sogar auch noch eins übergelassen. »Wie geht das denn?«, fragt sich der Philosoph.

Dann sinkt er auf die Knie, streckt die Hände dem Himmel entgegen und sein Ruf gellt durch die laue Nacht: »WIE? WIIIEEEE?«

Sein Erstgeborener kommt natürlich sofort herbeigeeilt. Mit einer Nintendo-Wii-Spielkonsole in der Hand.

Das ist auch irgendwie Gerechtigkeit.

Kinder haben ein ganz eigenes Gespür für Gerechtigkeit, das geht Erwachsenen leider manchmal verloren. Denn die Welt oder das Schicksal sind bestimmt nicht ungerecht, das kriegen wir ganz alleine hin. Und was wir mit einem Käsekuchen und 17 Bonbons schaffen, das gelingt uns noch viel besser, wenn man uns einen riesigen, um die Sonne rotierenden Ressourcenball vorsetzt. Dann wird erstmal ein paar Jahrtausende ungerecht geteilt, bis es kracht.

Ob es einen Ausweg aus der globalen Ungerechtigkeit gibt? Keine Ahnung, ich bin nicht Jesus, ich hab nicht mal einen Bart. Ich bin ein Taxifahrer – ich kann euch höchstens sagen, wo die Viktoria-Straße ist.

Obwohl – was die Ausgangsfrage angeht: Wie teilt man eigentlich gerecht?

Das kann ich schon sagen. Natürlich so: ge-recht.

Und wenn ihr mir nicht glaubt, dann fragt doch das trächtige Einhorn.

5. Was ist Wahrheit?

Stimmt es, was die Leute über die Wahrheit sagen?

Im Alltag nimmt man die Wahrheit ja meistens als gegeben. Wenn zu mir jemand ins Taxi steigt und behauptet, er wolle zum Hauptbahnhof, dann bezichtige ich ihn selten der Lüge.

Vielleicht habe ich damit Unrecht und der Fahrgast will eigentlich zum Rathaus. Das wäre natürlich superärgerlich! Der verarscht mich volle Kanne, der ausgefuchste Hund, der ist ja durchtriebener als Puffmatratzen. Macht hier groß auf Traveller, Marke »Ich hab am Bahnhof zu tun«, dieser Möchtegern-Globetrotter!

Aber ich steigere mich nicht rein, nein, nein. Denn was der Mann nicht wissen kann, ist, dass ich ihm einen Schritt voraus bin. Ich weiß nämlich, dass es in Wahrheit weder ihn noch den Bahnhof und erst recht kein Rathaus gibt. Hab ich mir alles nur ausgedacht, um etwas in diesem Text zu veranschaulichen. Und nicht mal mich gibt es in Wahrheit, ich bin nur die fiktive Erzählerfigur in einem Buch von jemandem, der mich nie getroffen hat. Es gibt nur eine Person, die hier grade echt ist: dich.

Aber stimmt das wirklich?

Ein empirischer Philosoph würde das anhand seiner Wahrnehmung bestimmen wollen. Die Empiriker sind da so, die verlassen sich nur auf ihre Wahrnehmung. Das geschieht frei nach dem Motto: Was ich sehe, gibt es. Wer um die Ecke geht, ist aus dem Universum raus. Ein Pony, das explodiert, ohne dass jemand danebensteht, hätte sich die Mühe auch sparen können. So sehen das die Empiriker. Ungefähr zumindest.

Der empirische Philosoph stellt sich ans Fenster, sieht in den Nebel hinaus und erkennt, dass das Rathaus tatsächlich verschwunden ist – und auch der Bahnhof ist nicht zu erkennen. Erst Minuten später bemerkt er, dass er sich aus Versehen knapp neben das Fenster gestellt hat und es gar nicht neblig ist, sondern dass er direkt auf die Raufaser-Tapete gestarrt hat.

Dann tritt er einen Schritt zur Seite, genau vor ein Fenster, und zu seiner nicht geringen Überraschung ist es draußen gar nicht neblig. Und das Rathaus ist auch noch da.

Erst, wenn der Philosoph irgendwann einmal zum Rathaus hingeht, weil er einen Umzug melden will, merkt er, dass er erneut einem Irrtum erlegen ist und es sich in Wahrheit um ein Irrenhaus handelt, indem man Nummern ziehen soll, um mit Leuten zu reden, die einem eine Nummer zuteilen.

Apropos irre. Einmal hatte ich einen Kunden im Fahrzeug, der aufgrund einer grotesken Frisur so wirkte, als brauche er Aufmunterung. Also habe ich ihm während der Fahrt einen Witz erzählt.

Darin kommt ein Rasenmäher auf einen Berg. Oben steht ein Schaf.

Das Schaf sagt: »Mäh.«

Der Rasenmäher antwortet: »Kümmer dich um deinen eigenen Scheiß.«

Der Kunde lachte kein bisschen, sondern formte mit seinen Augenbrauen ein grimmiges V. Ich entgegnete, indem ich erst einmal versuchte, mit meinen Augenbrauen ein Q zu bilden, und ihn dann fragte, ob ihm der Witz nicht gefallen habe.

Er entgegnete lediglich: »Was du da erzählst, das hast du so gar nicht selber erlebt.«

Das stimmte natürlich.

Ich hab ihn dann am Bahnhof rausgelassen, obwohl er zum Rathaus wollte. Er sah mich fragend an.

»Alles gut, hier wird grade umgebaut«, versicherte ich ihm und fügte dann hinzu: »Das Büro des Herrn Bürgermeister fährt grade auf Gleis 4 ein.«

Keine Ahnung, was aus dem Mann geworden ist, aber wenn ich mich recht an den Fahrplan erinnere, ist er jetzt in München. Das soll ja auch ganz schön sein um diese Jahreszeit.

Es ist so eine Sache mit den Lügen und der Wahrheit.

Es ist ein alter Hut, dass der Satz »Ich lüge immer« nicht wahr sein kann, weil er dann, wenn er wahr wäre, ja gleichzeitig wahr und unwahr wäre.

So ganz ohne Wahrheit kommen wir also vermutlich nicht aus. Aber ohne Lügen eben auch nur ganz schlecht. Und ohne Käsekuchen schon gar nicht.

Und bevor ihr jetzt sagt, dass das ja gar nicht stimmt,

denkt lieber noch mal nach. Aber nicht hier. Lieber in München.

Und falls ihr euch immer noch fragt, was denn nun die Wahrheit ist – der fröhlichste aller Philosophen, ein gewisser Schopenhauer, hat es mal so gesagt:

»Im unendlichen Raume, zahllose leuchtende Kugeln, um jede von welchen etwa ein Dutzend kleinerer, beleuchteter sich wälzt, die inwendig heiß, mit erstarrter kalter Rinde überzogen sind, auf der ein Schimmelüberzug lebende und erkennende Wesen hervorgebracht hat – dies ist die empirische Wahrheit, das Reale, die Welt.«

Das ist übrigens auch ein prima Aufreiß-Spruch für die Disko.

In echt jetzt.

True story.

6. Was ist Tugend?

Wenn man heute einen Blick ins Fernsehen oder ein Ohr ins Radio wirft, dann wird man einer kultischen Verehrung der Tugend gewahr. Man spricht da gemeinhin vom Tugend-Wahn.

Natürlich enthalten die letzten zwei Sätze je einen Tippfehler – es ist in Wirklichkeit die Jugend, der alle nachrennen, als wäre sie eine Mischung aus kalorienfreiem Schokoriegel und nymphomanem Topmodel. Knuspersex eben.

Der Tugend kräht keine Krähe nach und auch die Hähne schweigen von guten Taten. Aber es wäre zynisch zu sagen, dass die Menschen von heute mehr Wert auf faltenfreie Augenaufschläge und eine glasvasenglatte Intimrasur legen als auf einen Hauch von Anstand.

Tugend steht halt nur nicht ganz vorne auf ihrer To-do-Liste. Eher so ein bisschen weiter hinten, so wie »Zyniker« im Lexikon.

Wozu sollte man heute auch ein gutes Leben voller Weisheit und Besonnenheit führen wollen? Dass uns die richtige Entscheidung in einer Krisensituation weiter bringt als die Tatsache, dass man sich untenrum frisch gemacht hat, ist wissenschaftlich nicht bewiesen. Ist es nicht so, dass uns seit Jahrzehnten, wenn nicht gar seit ein paar Jahrhunderten langsam, aber gründlich eingeimpft wird, dass es so etwas wie eine eindeutig richtige Entscheidung nicht gibt? Außer vielleicht, wenn man in der Videothek überlegt, ob man sich einen Film mit Matthias Schweighöfer ausleihen soll. Aber wer sich das gerne anguckt, der erfreut sich auch an der Tatsache, dass in europäischen Geflügel-Zuchtbetrieben jährlich Millionen von männlichen Küken vergast werden.

Gut, das war vielleicht ein bisschen dick aufgetragen. Wie auch immer – welche Handlung richtig und welche falsch ist, das kann man kaum sagen. Also her mit dem halbautomatischen Gewehr, ich muss Geld abheben. Auf dem Schulhof.

Es ist dahin gekommen, dass »Tugend« und »Besonnenheit« antiquierte Begriffe sind. Das klingt nach etwas, was deroweil die Untertanen mittelalterlicher Lehnsherren nach der Fronarbeit itzo in ihren Kemenaten beminnten.

Eine Ausnahme sind da die Nachtschichten am Wochenende. Die allermeisten Kunden, die mir samstagnachts gegen 3 Uhr ins Taxi steigen, sind vollkommen besonnen.

Schon wieder ein Tippfehler, wer lektoriert das eigentlich hier? King Kong auf Crack?

Selbstverständlich sind die meisten Kunden um diese Zeit nicht *besonnen*, sondern *besoffen* und sagen so lustige Dinge wie: »Nach Hause, bitte.«

Ich kenne Kollegen, die antworten darauf ganz ruhig: »Wohlan denn, junger Kamerad – aber wo ist denn dieses

Das philosophische Quartett
Ideal — C1

Platon
Geburt: 428 v. Chr.

Bart: Vollbart (ca. 15 cm)
Bücher: 25
Familie: Single
Ableben mit: 81 (unbekannte Ursache)
Google-Hits: 3.550.000
Weisheit: 12
Skill: Gründete die erste Akademie.

Das philosophische Quartett
Ideal — C2

Friedrich Wilhelm Joseph Schelling
Geburt: 1775

Bart: -
Bücher: 16
Familie: zweimal verheiratet, sechs Kinder
Ableben mit: 79 (Ursache unbekannt)
Google-Hits: 3.660.000
Weisheit: 6
Skill: War ziemlich idealistisch.

Das philosophische Quartett
Ideal — C3

Plotin
Geburt: 205

Bart: Vollbart (ca. 5 cm)
Anzahl der Bücher: 54
Familie: zahlreiche Adoptivkinder
Ableben mit: 65 (Lepra)
Google-Hits: 10.400.000
Weisheit: 3
Skill: Wurde gesäugt, bis er acht Jahre alt war.

Das philosophische Quartett
Ideal — C4

Johann Gottlieb Fichte
Geburt: 1762

Bart: -
Bücher: 19
Familie: verheiratet
Ableben mit: 52 (Lazarettfieber)
Google-Hits: 374.000
Weisheit: 6
Skill: Wurde als Wunderkind entdeckt.

›Zuhause‹, von dem Sie sprechen? Und bevor Sie antworten, noch eine freundliche Bitte, sofern ich Ihre Geduld nicht zu sehr strapaziere. Hören Sie doch bitte auf, mir den rückwärtigen Fußraum kniehoch mit Gespienem zu füllen. Wenn es genehm ist.«

Natürlich antworten die Besoffenen dem Besonnenen: »Keiner tapeziert hier meine Geduld!«, und unterkleistern ihren Standpunkt mit Mageninhalt.

Ich gehe solche Fälle anders an. Kommt mir so ein Zeitgenosse ins Fahrzeug, liefere ich ihn am Bahnhof ab. Er sieht mich fragend an, aber ich versichere ihm, sein Zuhause fahre grade auf Gleis 4 ein. Es ist anzunehmen, dass eine nicht geringe Anzahl menschlicher Klappspaten aus Bochum aufgrund dieser Vorgehensweise in München gelandet sind.

Was daran tugendhaft ist, erschließt sich erst auf den zweiten Blick. Denn ich habe damit nicht nur ein paar Probleme verlagert, sondern kulturellen Austausch befördert.

Vor nicht allzu langer Zeit traf ich auf einem Fest in Bamberg einen gebürtigen Münchener. Als er erfuhr, dass ich aus Bochum komme, nickte er und hob an:

»Aha, das Ruhrgebiet! Ich war ja mal in Köln! Hat mich schon schockiert, wie viel offene Armut es da gibt! Sehr viele Leute auf der Straße waren schlecht gekleidet!«

Die Ausrufezeichen nach jedem Satz hat er auch mitgesprochen!

Für mich war das definitiv Grund genug, mal ein paar Spezialisten aus Bochum in Züge Richtung Bayern zu setzen. Sollen die den Leuten vor Ort mal ein bisschen die Geduld tapezieren.

Die Menschen näher zueinanderbringen, den kulturellen Austausch fördern – das ist tugendhaftes Handeln. Leider ist das heutzutage seltener als ein kalorienfreies Topmodel. Und wohl auch als ein nymphomaner Schokoriegel.

Auch andere Tugenden haben es schwer, nehmen wir mal die Geduld. Sie wird heutzutage nicht nur tapeziert, sondern minimiert. Es gibt viele Leute, die z.B. ein Video auf YouTube nach drei Sekunden wieder ausmachen, wenn dann noch nicht mindestens ein rasierter Pavian auf einer Motocross-Maschine über eine brennende Menschenmenge gesprungen ist.

Man erkennt diese Leute daran, dass sie sich nicht mit einem unterhalten können, ohne parallel ihren Facebook-Status, ihren Twitter-Account und dergleichen mehr zu checken und upzudaten. In der Regel überfallen sie nebenher noch eine Bank, lassen sich die Haut straffen, obwohl sie erst 17 Jahre alt sind, und handeln virtuell an der Börse. Damit ihnen nicht langweilig wird, onanieren sie zusätzlich, während sie künstlich eingefärbte Teleskop-Fotografien von Wasserstoff-Ansammlungen im Andromeda-Nebel betrachten. Alles andere haben sie schon gesehen, nur noch das Universum höchstpersönlich macht sie scharf. Doch es wird nicht lange dauern, bis ihnen auch dafür die Geduld fehlt und sie in eine Steckdose fassen, weil sie gehört haben, dass das richtig abgehen soll. Und zwar von mir.

Dieses Buch hier haben die Ungeduldigen übrigens auch mal angefangen, aber nach ein paar Sätzen festgestellt, dass sie jetzt alle 26 Buchstaben gesehen haben und der Rest nur noch eine Variation in der Reihenfolge darstellt.

Darum werden sie vielleicht nie erfahren, dass es auch Sekundärtugenden gibt, zum Beispiel Pünktlichkeit und Ordnungssinn. Diese zwei stehen ganz oben in den Charts des Zivilisiertseins. Dabei wird übersehen, dass man pünktlich und ordentlich auch sein kann, wenn man ein Vernichtungslager leitet. Wenn ihr die Wahl habt, dann seid lieber zu spät und zu chaotisch, aber dafür nett.

Man muss ja nicht gleich in einen Tugend-Wahn verfallen.

Aber wer hübsch nett ist, geduldig mit seinen Mitmenschen, besonnen in seinen Handlungen und mutig und entschlossen ans Tagewerk geht, der wird am Ende mit nymphomanen Schokoriegeln belohnt. Hat Konfuzius gesagt.

7. Gibt es ein Leben nach dem Tod?

Ich war noch im Kindergarten-Alter, als ich zum ersten Mal getötet habe.

Das Opfer war eine Mücke, die ich mit der flachen rechten Hand auf meinem linken Unterarm erschlagen habe. Mein Motiv war Notwehr, denn das Untier war dabei, mir sämtlichen Lebenssaft aus meinen Adern zu pumpen. Ich war damals ja noch sehr klein, die Mücken in den späten 1980ern aber etwas anders als heute – sie hatten sich von der Größe her zwischen Suppenhuhn und Bartgeier eingependelt.

Ob das an Tschernobyl lag oder an Modern Talking oder daran, dass für meine kleinen Augen alle Dinge größer wirkten, weiß ich nicht mehr. Ganz sicher bin ich mir jedoch, dass diese von mir erschlagene Mücke wiedergeboren wurde – in Form meines Taxis. Und diese Gelegenheit nutzt sie, um sich an mir zu rächen.

In letzter Zeit ist nämlich dauernd was kaputt an meinem Fahrzeug. Die Bremsen, das Getriebe, ein Zylinderring, der Zigarettenanzünder. Das muss man sich mal vorstellen – sogar der Kippenanzünder ist kaputt! Dabei rauche ich nicht mal! So perfide ist der Racheplan. Ganz klar, mein Taxi war früher eine Mücke. Das ist Rache durch Reinkarnation.

Ich habe das Wort »Reinkarnation« übrigens zum ersten Mal als Kind irgendwo gelesen und mich danach lange gefragt, wer da eigentlich so rein karniert und ob man auch unrein karnieren kann. Es musste, so dachte ich mir, definitiv was mit Fleischverzehr oder Sex zu tun haben. Erst später wurde mir klar, dass das durchaus stimmt, aber eben ganz anders, als ich gedacht hatte. Und heute ist eben eine Mücke ganz unrein bzw. unfein in mein Taxi karniert.

Das mag jetzt klingen, als ob ich hier aus einer Mücke einen Elefanten mache, beziehungsweise ein Taxi. Aber es untermauert die Annahme eines Lebens nach dem Tod. Durch Wiedergeburt – oder in dem Fall eher Umgeburt. Umgeburt in ein Automobil hinein!

Buddhisten sind die wahren Transformer!

Eine gewagte These, denkt ihr? Ich finde ja eher die These gewagt, dass eine liebende Gottheit uns so geschaffen hat, wie wir sind. Da kommen bei mir schon erste Zweifel auf, wenn ich nur meine unförmige Nachbarin mit dem Silberblick angucke. (Also: Sie hat den Silberblick, nicht ich.) Ihr Damenbart hätte einem Waschbären zur Ehre gereicht, ihr Körper hängt am Skelett wie eine Fahne am Halbmast, und ihre Zähne sind so schwarz, dass ihr die rabenschwarze Mitternacht höchstpersönlich zu Geburtstagen und Weihnachten als Zeichen des Respekts Präsentkörbe schickt!

Nein, meine Nachbarin sieht wirklich nicht so aus, als habe eine liebende Gottheit sie geschaffen. Ich vermute dahinter eher einen blinden, jähzornigen Künstler, der seine kubistische Phase durch LSD angekurbelt hat. Aber ich muss mich täuschen, denn dass der Lord uns alle liebt, ist ja mal klar wie die Luft im Lift zum Loft. »We are loved«, sagt sogar der Brite und akzeptiert selbst seine nationale Küche nicht als Gegenbeweis. Dabei sollte ihn die Tatsache, dass es im Englischen keine Entsprechung zu »Guten Appetit« gibt, schon stutzig machen. Aber er knuspert munter weiter Fleischtorte und hält fest am Kreuz und hält sich für geliebt von oben. So wie der Rest der christlichen Welt.

»Gott liebt uns!«, singen sie im Chor.

Doch wenn wir mal klauen, unehelichen Sex haben und angetrunken hanebüchene Lügengeschichten erzählen – also quasi ein normales Wochenende haben –, dann werden wir von Gott für unser sündiges Verhalten auf ewig in die brennenden Folterkeller der Hölle verbannt. Übelgelaunte Dämonen mit gullihaftem Mundgeruch werden uns mit glühenden Zangen bearbeiten, uns das Herz aus dem Leib reißen und uns den ganzen Tag mit »Cotton Eye Joe« beschallen. Das alles tut Gott, weil er uns liebt.

Wenn wir aber immer den Teller leeressen, aufrecht sitzen und nur zum Kinderkriegen sexuell aktiv werden (also im Schnitt 1,35 Mal im Leben), dann haben wir die geringe Chance, den Rest der Ewigkeit auf einer Wolke sitzend mit einer handvoll geflügelter Übermenschen und meiner übrigens sehr bibelfesten Nachbarin im Chor zu singen. Und zwar »Cotton Eye Joe«.

Da fahre ich doch lieber im buddhistischen Pendlerzug ins Jenseits und glaube repetitiv an die Wiedergeburt. Gepriesen sei der dicke Glatzkopf, ich kehre als Pavian zurück und kratze mich auf ewig am Arsch. Oder ich kehre als Lemming zurück, springe von der Klippe, komme dann als Lemming zurück, springe von der Klippe, kehre als Lemming zurück, springe von der Klippe, komme als Justin Bieber zurück und springe von der Klippe.

Die Buddhisten glauben ja, dass man diesen Kreislauf irgendwann durchbrechen kann, wenn man in seinem Leben alles richtig macht. Dann kommt man ins Nirwana, einer Art Chill-out-Area in der Diskothek des Kosmos. Da hängt man rum, komplett ohne alles – also auch ohne Engel, Dämonen und 90er-Jahre-Hits.

Stille.

Nichts.

Ewig.

Es ist wohl in jedem Fall besser, regelmäßig zu sündigen.

Ich vermute, man darf sich das auch nicht ganz so bildlich vorstellen mit der Wiedergeburt. Nehmen wir mein Taxi, das ja offensichtlich im Sterben liegt. Wenn es dereinst in seinen letzten Gang geschaltet hat, fährt es zum Friedhof seiner Ahnen, um sich zur Ruhe zu legen, ganz wie ein altersschwacher Elefant.

Auf dem Friedhof der Fahrzeuge, im Volksmund neckisch »Schrottplatz« genannt, wird man es zerlegen und auseinanderschrauben. Die noch nutzbaren Teile werden in neue Geräte verbaut, der Rest wird eingeschmolzen, in kleine Teile zerrieben und als Frühstücksflocken an Altenheime geliefert. Nur der Zigarettenanzünder kann entkommen und wird später der schwedische Kulturattaché in Rom. Aber das ist eine andere Geschichte.

Wenn es mit uns so ähnlich ist wie mit dem Taxi, dann werden wir nach unserem Tod Blumen, Schmetterlinge und Blümchen. Wer erinnert sich nicht gerne an Blümchen, die flotte Schlager-Biene? Auch ihr war Nietzsches Konzept der ewigen Wiederkehr nicht fremd. So sang sie in den 90ern zu klotzhaftem Bassdrum-Geballer: »Wie ein Bumm, Bumm, Bumm, Bumm, Bumerang, komm ich immer wieder bei dir an.«

Wir werden alle sterben, doch Blümchen wird uns erben.

Zumindest die Körper. Aber was passiert dann mit unseren Gedanken und Ideen?

Da würde ich mir jetzt auch nicht so viele Sorgen machen. Es wird immer Menschen geben, die Briefmarken sammeln, Sex haben wollen, Bierdurst verspüren und sich fragen, was eigentlich nach dem Tod passiert. Unsere Gedanken sterben nicht mit unserer körperlichen Hülle. Ein anderer Depp denkt weiter.

Und falls ein Mensch plötzlich von Größenwahn befallen wird und glaubt, dass seine Ideen so besonders sind, dass sie alle anderen überragen, dann schreit er sie laut heraus oder druckt sie in Bücher. Der Rest der Menschheit nickt dann freundlich und sagt: »Guck mal, ein Philosoph!«

Mit ein bisschen Glück spricht es sich rum und dann werden die Ideen unsterblich, was bedeutet, sie werden von Professoren zu Brei geredet und von arbeitsscheuen Studenten jahrhundertelang ausgelöffelt und mit einem akademischen Lametta aus Fußnoten behängt.

Ich persönlich möchte ja nicht als Philosoph, sondern viel lieber als Fisch wiedergeboren werden. Dann hat man von diesem Quatsch seine Ruhe.

Und mit Mücken und Taxis hat man auch kein Problem mehr.

8. Glaubst du an den Unterschied zwischen Wissen und Glauben?

Mit dem Glauben ist das so eine Sache.

Ich habe z.B. als Kind geglaubt, dass »Rückenwind« das höfliche Wort für eine Blähung sei. Heute glaube ich das nicht mehr und das ist irgendwie sehr schade. Ich war nämlich ein fröhliches Kind, besonders, als 1991 der Weitsprung-Weltrekord von Carl Lewis – immerhin 8,91 Meter – wegen Rückenwind für ungültig erklärt wurde. Da habe ich sehr lachen müssen.

Im Schulsport habe ich es mit dieser Technik leider nie weit über drei Meter gebracht. Damit war ich nie der Weiteste, aber immerhin der Lauteste.

Manchmal entfährt mir heute noch ein Wind, wenn ich Kunden im Taxi habe. Dann versuche ich ein Gespräch anzuzetteln, um den Kunden abzulenken.

»Glaubst du an einen Unterschied zwischen Wissen und Glauben?«, habe ich daher mal einen Kunden während einer längeren Fahrt gefragt.

»Ich weiß ja nicht«, sagte er und rümpfte die Nase bis hoch zur Stirn, »glaub schon.«

Super Antwort, damit ist er genausoweit gewesen wie ein paar der wildesten Philosophen nach jahrelangem Gegrübel. Sokrates wusste, dass er nichts wusste. Und Richard Dawson glaubt, dass er nichts glaubt.

Wenn man das so hört, weiß man gar nicht, was man glauben soll. Und wenn man sieht, dass sich Millionen Menschen Fernsehsendungen über das Paarungsverhalten von Landwirten oder den Madenverzehr einiger verschollen gehoffter Ex-Prominenter in Urwaldlagern angucken, dann glaubt man lieber nicht, was man weiß.

»Wissen« ist doch nichts anderes als eine Theorie zur beobachteten Welt, die mit dieser übereinzustimmen scheint.

Beispiel: Wenn jemand an mein Taxi tritt und sagt, er will einmal um den Block gefahren werden, um der irrwitzigen Samenschleuder Satans zu entkommen, dann *weiß* ich sofort: Aha.

Und mehr noch: Ich *weiß*, gerade ist jemand an mein Taxi getreten und hat gesagt, er will einmal um den Block gefahren werden, um der irrwitzigen Samenschleuder Satans zu entkommen.

Und ich *glaube*, dass die betreffende Person völlig bekloppt ist. Oder Ben Becker ist in der Stadt. Sicherheitshalber fahre ich sehr schnell weg. Ohne ihn.

Irgendwann ist ein Philosoph mit dem possierlichen Namen Descartes auf die Idee gekommen, es könne ja auch sein, dass die komplette Außenwelt nur eine Illusion ist.

Descartes würde also sagen, dass da eventuell gar keiner an mein Taxi getreten ist. Es wäre denkbar, meinte er, dass eine Handvoll Dämonen die Kontrolle über mein Gehirn übernommen und mir den Gedanken eingepflanzt haben, dass da ein Irrer eingestiegen ist.

Leider war Descartes schon tot, bevor ich geboren wurde, also konnte er mir diese Idee nicht selbst erzählen. Sonst hätte ich ihm ein Eis gekauft und ihm gesagt, dass alles wieder gut wird.

Aber weil er seinerzeit total gründlich an allem rumgezweifelt hat, gilt Descartes heute als Spitzen-Skeptiker. Er hat es übrigens fast geschafft, echt alles in Frage zu stellen. Doch irgendwann blieb er stehen und war sich sicher: »Ich denke, also bin ich.«

In Anbetracht des obengenannten Beispiels wäre ich mir da an seiner Stelle nicht so sicher gewesen. Hätte er den Satz auch noch gründlich durch-gezweifelt, dann wäre er übrigens am Ende vermutlich bei der sokratischen »Ahnung von keiner Ahnung« gelandet.

Sokrates war wirklich derartig planlos, dass er bis heute als Musterbeispiel für die westliche Form der Weisheit gilt. Im Fernen Osten sah das etwas anders aus.

Konfuzius ging einmal mit einem Freund an einem Fluss spazieren und entdeckte ein paar Fische. Er fragte seinen Freund, was die Fische wohl denken mögen. Der Freund fragte, woher Konfuzius denn wissen wolle, dass die Fische denken. Konfuzius entgegnete:

»Woher willst du denn wissen, dass sie es nicht tun?«

Nicht überliefert ist, was die Fische von diesem Gespräch gehalten haben. Aber immerhin weiß man ganz sicher, dass man unter Wasser schlecht lachen kann.

Oder glaube ich das wieder nur?

Riecht ihr was?

9. Ist diese Frage paradox und nicht?

Wo wir es grade vom Riechen hatten:

Manchmal denke ich: Ein Hund kann hundertmal besser riechen als ein Mensch, aber auch hundertmal schlechter.

Das klingt widersprüchlich, ist es aber nicht. Schnuppert doch mal nach einem Regenspaziergang an einem ungeschüttelten Bernhardiner. Da löst sich manche chronische Nebenhöhlenverharzung, aber auch mancher Widerspruch.

Außerdem sagte schon Sebastian 23: »Die klügsten Sätze sind oft paradox, aber niemals widersprüchlich.« Der kann so etwas auch sagen, der feine Herr. Aber wenn ich als der arme Taxifahrer Paul Borchert so etwas sage, wisst ihr, was ich dann zur Antwort kriege?

»Das ist schön. Aber die Frage war, ob Sie Mayo oder Ketchup wollen.«

Das macht mir aber nichts. Das kommt eben vom Lautdenken an der Pommesbude. Philosophen wissen ohnehin, dass sie unverstanden bleiben werden.

Nietzsche hat immer gerne gesagt, dass er vielleicht in hundert Jahren verstanden wird. Heute, über hundert Jahre nach seinem Tod, bin ich da nicht mehr so optimistisch. Man trifft immer noch erstaunlich wenige Nietzsche-Ultras mit Zarathustra-Shirts und »Gott ist tot«-Aufnähern in der Fußgängerzone. Ein bisschen schade, denn immerhin hatte Nietzsche ein paar der besten Titel der Philosophie-Geschichte, z. B. »Warum ich so klug bin« und »Warum ich so gute Bücher schreibe«.

Von seinem Schnauzbart, der selbst die eingefleischten Befürworter ausgewachsener Seelöwen in die Knie zwang, fange ich erst gar nicht an.

Mit dem Phänomen des Paradoxen habe ich mich jedoch schon immer gerne beschäftigt. Im Gegensatz zum Phänomen der Überleitung.

Der oben erwähnte Sebastian 23 hat zum Phänomen der Paradoxie festgestellt, dass ein Haufen Nüsse auch dann noch ein Haufen bleibt, wenn man eine Nuss wegnimmt. Eigentlich mag ich diesen Typen mit der Zahl als Nachnamen nicht besonders, aber das ist eine richtig clevere Beobachtung: Ein Nusshaufen minus einer Nuss ist immer noch ein Nusshaufen. Da würde wahrscheinlich jeder zustimmen.

Als Regel gedacht bedeutet der Satz, dass man dann auch eine zweite Nuss wegnehmen kann. Und eine dritte. Und es bleibt auch beim zweiten, dritten und x-ten Schritt ein Haufen Nüsse.

Wenn man das konsequent durchzieht und Nuss um Nuss wegnimmt, dauert das zwar etwas und ist so langweilig wie die Röntgenaufnahme einer Glasmurmel.

Aber irgendwann wird es dann doch interessant: Nachdem man alle anderen weggenommen hat, liegen da nämlich nur noch zwei Nüsse, eine Art Mini-Haufen. Dann nimmt man wieder eine Nuss weg und hat gemäß der gefundenen Regel bewiesen, dass auch eine Nuss ein Haufen Nüsse ist. Und wenn man dann die letzte Nuss auch wegnimmt, dann ist keine Nuss mehr da und das ist immer noch ein Haufen Nüsse. Ein unsichtbarer Haufen halt.

Man kann folgerichtig davon ausgehen, dass wir in diesem Moment in einem unsichtbaren Haufen Nüsse leben. Es ist zu bedauern, dass wir keine unsichtbaren Eichhörnchen sind.

Leider wird dieses Nuss-Paradox wohl nie so bekannt wie die Paradoxien des Zenon. Aber vielleicht braucht es auch einfach hundert Jahre, bis sie verstanden werden. Zenons Paradoxien wirken immerhin schon mehrere Jahrtausende ein und entfalten bis heute interessante Aromen.

Zenon war wirklich groovy drauf und meinte, der schnellste Läufer der Welt könnte niemals eine Schildkröte einholen, wenn diese am Anfang des Rennens auch nur einen kleinen Vorsprung hätte. Denn dann müsste er erst mal den Vorsprung einholen. In dieser Zeit wäre die Schildkröte aber auch ein Stück weitergekommen – und seien es nur ein paar Zentimeter. Sie hätte jedenfalls immer noch einen kleinen Vorsprung. Der Läufer müsse diesen erst mal überwinden. Und in der Zeit, in der er das tut, wäre der kleine grüne Panzerkriecher wieder ein winziges Stück weitergekommen, hätte also immer noch Vorsprung. Also beginnt das Spiel von vorn.

Ich verzichte mal darauf, das ganze Buch mit der Schilde-

Das philosophische Quartett
Girls D1

**Hildegard
von Bingen**
Geburt: 1098

Bart: -
Bücher: 16
Familie: Nonne
Ableben mit: 81
(Altersschwäche)
Google-Hits: 1.340.000
Weisheit: 5
Skill: Kräutermantel.

Das philosophische Quartett
Girls D2

**Simone
de Beauvoir**
Geburt: 1908

Bart: -
Bücher: 24
Familie: Jean-Paul Sartre
Ableben mit: 78
(Lungenentzündung)
Google-Hits: 2.250.000
Weisheit: 6
Skill: Machte Sartre den Haushalt, war aber dagegen.

Das philosophische Quartett
Girls D3

Hannah Arendt
Geburt: 1906

Bart: -
Bücher: 39
Familie: zweimal verheiratet
Ableben mit: 69
(Herzinfarkt)
Google-Hits: 6.330.000
Weisheit: 8
Skill: War eine Frau.

Das philosophische Quartett
Girls D4

**Arthur
Schopenhauer**
Geburt: 1788

Bart: Backenbart (ca. 3 cm)
Bücher: 22
Familie: der Pudel »Atman«
Ableben mit: 72
(Lungenentzündung)
Google-Hits: 2.720.000
Weisheit: 10
Skill: Predigte Seelenruhe, lebte Jähzorn.

rung dieses Rennens zu füllen, auch wenn ich dann immer noch mehr Inhalt hätte als manche Geschichte über glitzernde Vampire. Jedenfalls stellte Zenon fest, dass es unmöglich sein kann, dass der Läufer die Schildkröte einholt. Andersrum gesagt: Wer sich auf ein Wettrennen mit einer Schildkröte einlässt, wird entweder für immer darin verlorengehen oder aus logischen Gründen das Universum beenden, indem er sie dann doch überholt.

Beim Studium im schönen Freiburg habe ich einen nachdenklichen jungen Herrn kennengelernt, der das unbedingt trotzdem ausprobieren wollte. Vielleicht nicht wirklich aus reiner philosophischer Neugier – sondern eher wohl, weil seine Freundin ihn verlassen hatte. Und zwar kurz vor Monatsende, so dass er kein Geld mehr hatte, sich zu betrinken. Also hatte er beschlossen, das Universum zu beenden, das er für ein gescheitertes Unternehmen hielt. Ich war seinerzeit Nihilist, weil schwarze T-Shirts in Mode waren, und stand daher gerne Schmiere, als der Mann aus einem nahegelegenen Gartenteich im Süden der Stadt eine kleine Schildkröte entführte. Wir tauften sie Zenon. Das Adrenalin pochte in unseren Adern, als wir zum Sportplatz eilten. Der Philosoph legte Zenon mitsamt seinem gewölbten Panzer und dem putzigen roten Punkt auf die Aschenbahn, kurz vor der Ziellinie der Hundert-Meter-Bahn.

Dann ging der Denker zum Startblock – meine Aufgabe war es, den Startschuss zu geben und ein Salatblatt vor das Tier zu legen, damit Zenon auch auf jeden Fall loslaufen würde. Denn wir waren uns nicht sicher, ob Schildkröten Ohren haben.

Ich wartete, bis der Philosoph am Startblock angekommen war und seine Position eingenommen hatte – auf dem Startblock sitzend, den rechten Ellbogen auf das rechte Knie gestützt, den Kopf auf die rechte Faust.

Die Schildkröte schaute konzentriert in eine lyrische Ferne.

Dann rief ich »PENG!« und das Salatblatt glitt mir aus den verschwitzten Fingern.

Beide rannten los.

Wobei »rennen« hier vielleicht ein zu hartes Wort ist.

Die Zeit schien stillzustehen. Die Schildkröte erst recht. Gebannt beobachtete ich, der Philosoph nach guten zehn Minuten schreiend wie die Hörner von Jericho an ihr vorbeirannte.

Er rannte weiter und versuchte, sich gleichzeitig umzudrehen, um nach der Schildkröte Zenon und dem Universum zu sehen. Natürlich stolperte er dabei, landete mit dem Gesicht in der roten Asche und rutschte über die Ziellinie. Wider Erwarten erhob er sich sofort aus der Asche wie ein übereifriger Phoenix und sah die nächste halbe Stunde stoisch dabei zu, wie Zenon sich doch noch in Bewegung setzte und schließlich das Salatblatt erreichte. Unmöglich – er hatte gewonnen und verloren.

Um die Stimmung zu lockern, lud ich den philosophischen Phoenix und Zenon zu einem Pflaster und einem unsichtbaren Bier ein.

Die beiden blieben zusammen – bis heute verbindet sie eine Hassliebe.

Wer hätte das gedacht und nicht gedacht?

10. Was ist Liebe?

Es gibt natürlich noch andere Formen der Liebe als jene zwischen der Schildkröte Zenon und dem trübsinnigen Jungdenker – und es gibt in der Geschichte der westlichen Philosophie noch manche Story, die ähnlich crazy anmutet.

Man erzählt sich gar von einem antiken Lehrmeister, der jede Gelegenheit nutzte, seine Umwelt zur Enthaltsamkeit aufzufordern. Seine Schüler entschlossen sich eines Abends, ihren Meister auf die Probe zu stellen, und legten ihm eine attraktive Frau in sein Gemach. Als der Weise nach Hause kam, erblickte er die Schönheit und reagierte ganz natürlich, so wie wir alle reagiert hätten: Er schnappte sich ein Brenneisen und grillte seine Genitalien.

Ein anderer Philosoph der Antike, mich dünkt, es handelte sich um den Tonnenbewohner Diogenes, wurde einst von einem Neureichen durch dessen schöne Villa geführt. Vermutlich wollte der reiche Bürger ihm die Vorzüge eines luxuriösen Lebensstils im Vergleich zum Behausen einer Tonne vor Augen führen.

Nach dem Rundgang durch das Haus hat Diogenes seinem Gastgeber ins Gesicht gespuckt. Der Angespuckte hakte daraufhin mal locker nach, was denn da losgewesen sei, und der Philosoph entgegnete:
»Ich musste irgendwo hinspucken und in deinem Haus ist alles so schön, dass dein Gesicht der beste Ort dafür ist.«

Man erkennt an diesen kleinen Beispielen, welch zauberhafter, gar mythischer Flor die Philosophen umgibt. Liebenswerte Zeitgenossen – sie konnten es nur nicht so gut zeigen, wenn andere Leute dabei waren.

Aber für eine Sache sind sie nicht bekannt: Partys. Epikur mit Partyhut? Descartes beim Dosenstechen? Heidegger, der mit einer Bande aus nackten taiwanesischen Nonnen und semi-isländischen Kleinwüchsigen versucht, das Rathaus der Stadt Weimar zu erobern?

Klingt abwegig.

Einmal jedoch wurde in der Philosophie-Geschichte gerockt – und wie das abging, ist zum Glück überliefert in Platons Dialog »Das Gastmahl«.

Die feinen antiken Herren um Aristophanes und Sokrates becherten reichlich Wein, lauschten einer scharfen Flötistin und tanzten nackt um einen brennenden BWL-Studenten, der aus Versehen in eine Zeitmaschine geraten war. Man ließ sich Weintrauben reichen, lockerte die Umhänge und hing locker herum.

Irgendwann sanken die feiernden Denker dann zurück in ihre Sessel und begannen, über das Wesen der Liebe zu grübeln. So sind sie halt gewesen, man kann ihnen das Grübeln auch nicht verübeln, wenn ihr mich fragt. Theoretisch kannten sie sich gut mit der Liebe aus. Zumindest erzählte jeder von ihnen eine Geschichte dazu. Ganz vernünftige Sachen eigentlich, ganz ohne Anspucken oder das Toasten von Genitalien.

Der gute alte Aristophanes, der bis heute vor allem durch die zoologisch anmutenden Titel seiner Theaterstücke bekannt ist (z.B. »Die Wespen«, »Die Vögel« oder »Die Bauern«), war wohl mal wieder auf Pappe wie eine Jahrmarkt-Bockwurst.

Er erzählte den anderen Denkern, dass es seiner Meinung nach ursprünglich drei Sorten Mensch gegeben hatte: Mannmann, Fraufrau und Mannfrau.

Diese hatten sich gemütlich im Universum verteilt, Mannmänner lebten auf der Sonne, Fraufrauen auf dem Mond und Mannfrauen in einer Travestie-Show mit dem Titel »Erde«.

Diese Menschen sahen noch etwas anders aus als heute. Etwa so wie zwei heutige Leute, die man am Bauch zusammengetackert hat.

Daher mussten sie sich auch rollend vorwärts bewegen. Wer deutschsprachigen Hip-Hop mag, darf hier einen Mutter-Witz seiner Wahl einfügen.

Jedenfalls wurden diese Doppelwesen Zeus irgendwann zu mächtig und er beschloss, sie zur Strafe in der Mitte durchzusägen. Lange, lange erwog er seine Möglichkeiten, entschloss sich aber schließlich zu einem vertikalen statt zu einem horizontalen Schnitt. Ich lasse an dieser Stelle mal ein bisschen Platz, damit ihr euch ausmalen könnt, wie die Fußgängerzone von Datteln sonst heute aussähe.

So, das reicht. Ihr seid ja echt pervers.

Weil wir nach Aristophanes im Grunde nur getrennte Teile eines Ganzen sind, suchen wir also unser ganzes Leben lang nach dem fehlenden Puzzleteil für uns. Das sei Liebe, sagte Aristophanes.

Ist das nicht süß? Wir sind menschliche Doppelhaushälften.

Irgendwann nach dieser gloriosen Erkenntnis erhob dann Sokrates höchstpersönlich seine Stimme und schwang sich auf zu einer Erläuterung darüber, wie die Liebe zum Schönen uns zur Erkenntnis der Wahrheit bringen kann. Ich bin ja jetzt nicht grade ein überschäumendes Champagnerglas des Lobes, was die Philosophen im Allgemeinen angeht. Aber was Platon hier Sokrates in den Mund legt, sollte man sich mal durchlesen, wenn man vom Verstand her oberhalb einer 250-Gramm-Packung Mailänder Salami rangiert.

Es gibt ja auch Leute, die zum Wahren, Guten und Schönen ein gespalteneres Verhältnis haben als die Äxte der Germanen zu den Schädeln der Römer.

»Hippiekacke!«, rufen die Zyniker. Und ahnen dabei nicht, warum »Zyniker« im Lexikon ganz, ganz hinten stehen.

Vermutlich, weil der Verfasser des Lexikons ein Hippie war.

Was die Liebe angeht, neigen die Zyniker übrigens dazu, eine Handvoll Pheromone und die Hirnanhangsdrüse verantwortlich zu machen und wahllos etwas von Darwinismus und neuronalen Netzen zu quatschen, als seien wir in ihren Augen nur Zellhaufen, die hormonell bedingt hohldrehen.

Aber da suche ich doch lieber nach meiner menschlichen Doppelhaushälfte. Denn wenn ich einen Eisklotz will, gehe ich zum Kühlschrank oder fahre zum Nordpol, statt zum Herz eines Zynikers zu greifen. Davon kriegt man immer so schwarze Finger.

Davon abgesehen wird es mal Zeit für eine Party, liebe Philosophen. Alle zweieinhalbtausend Jahre ist das doch drin, oder? Wird Zeit, dass den Leuten mal wieder jemand sagt, dass Liebe nicht das ist, was in Laboratorien gemessen wird, und auch nicht das, was im Vorabendprogramm im Privatfernsehen stattfindet.

Wahre Liebe gibt es nur zwischen Schildkröten und Jungdenkern.

11. Ich komm aus Bochum – woher kommt das Universum?

Mit einer Inbrunst, die bergbauschachttief empfunden wirkte, sang in den 1980ern ein Herr mit Seitenscheitel: »Bochum – ich komm aus dir«.

Das Lied erhält eine ziemlich universelle Wahrheit, wenn man statt »Bochum« einfach »Urknall« setzt. Wenn man Anhänger des katholischen Oberbosses mit den ulkigen Hüten ist, kann man wahlweise auch »Schöpfung« singen. Meinetwegen. Aber Finger weg von den Messdienern.

Doch ist es wirklich so einfach mit dem Urknall wie mit dieser rhetorischen Frage?

Ja? Ja? Nee?

Neulich hab ich bei mir im Taxi hinten zwischen den Sitzen ein Kondom gefunden. Es war allerdings noch nicht benutzt worden. Zumindest nicht so, wie ich zuerst gedacht habe. Es war nämlich noch verpackt.

Trotzdem hab ich mich ein bisschen gegruselt. Wer weiß, was da gelaufen ist. Beziehungsweise gefahren. Heutzutage geht ja auch schnell mal eine exotische Sexpraktik an einem vorbei. Grade hat man verstanden, was 69 ist, da ist der Rest der Menschheit schon bei 96. Wie das geht? Naja, keine Ahnung, vermutlich genauso, nur andersrum. Arsch an Hinterkopf halt. Oder ist das einfach nur Sex mit Fußballern aus Hannover?

Also, was weiß ich, ob sich die Leute neuerdings auf Taxirückbänken gegenseitig verpackte Kondome in die Bauchnabel stecken? Vielleicht heißt das »BellyButtoning« und ist irre angesagt bei den jungen Leuten.

Wie auch immer: Auf jeden Fall wollte ich wissen, woher das Kondom kam. Der Urknall reichte mir da jetzt nicht als Erklärung. Alles kann man damit ja nun auch nicht begründen.

»Sag mal, wie kommt es eigentlich, dass du eine Fünf in Mathe hast?«

»Urknall, Mutter. Das war der Urknall.«

Oder:

»Sag mal, Schnuckibärchen, wie kommen die sieben ukrainischen Prostituierten und das Schaf in dein Bett?«

»Urknall, Schatz, das war der Urknall. Kannst du jetzt mal bitte das verpackte Kondom in den Bauchnabel der 3. Ukrainerin von rechts stecken?«

Finanzkrise? – Urknall.

Weltkrieg? – Urknall.

Dieter Bohlen? – Urknall.

So einfach kann es nicht sein.

Ich sah das Kondom an und wollte schon ein bisschen genauer wissen, was da in der Zwischenzeit vorgefallen war. Vielleicht war es so: »Urknall – Dinosaurier – Kids mit zu viel Freizeit – BellyButtoning«.

Das philosophische Quartett
Croissant　　　　E1

Michel de Montaigne
Geburt: 1533

Bart: Schnäuzer- & Ziegenbart (ca. 2 cm)
Bücher: 4
Familie: verheiratet, fünf Kinder
Ableben mit: 59 (schwere Angina)
Google-Hits: 1.640.000
Weisheit: 9
Skill: Einziger Latein-Muttersprachler der Neuzeit.

Das philosophische Quartett
Croissant　　　　E2

René Descartes
Geburt: 1596

Bart: Schnäuzer- & Ziegenbart (ca. 2 cm)
Bücher: 47
Familie: eine Tochter mit einer seiner Mägde
Ableben mit: 53 (Lungenentzündung)
Google-Hits: 4.030.000
Weisheit: 10
Skill: Dachte, dass er sei, weil er denke.

Das philosophische Quartett
Croissant　　　　E3

Voltaire
Geburt: 1694

Bart: -
Anzahl der Bücher: 143
Familie: einige Affären
Ableben mit: 84 (unbekannte Ursache)
Google-Hits: 26.300.000
Weisheit: 7
Skill: Konnte fließend Französisch.

Das philosophische Quartett
Croissant　　　　E4

Jean-Paul Sartre
Geburt: 1905

Bart: -
Bücher: 34
Familie: Simone de Beauvoir
Ableben mit: 74 (Lungenödem, Leberzirrhose, Hirnschläge)
Google-Hits: 3.720.000
Weisheit: 6
Skill: Konnte nach außen schielen.

Solche Fragen nach der Herkunft der Dinge stellen sich Philosophen übrigens dauernd.

Nicht, weil in ihren Wohnungen dauernd unerwartet Kondome auftauchen würden. Die meisten Philosophen haben nämlich genau ein Kondom. Dieses steckt in ihrem Portmonee, seit sie es an ihrem vierzehnten Geburtstag aus dem Drogeriemarkt geklaut haben. Gar nicht aus Armut, sondern aus einer Mischung aus Feigheit, Geilheit und Dummheit.

Am Rande sei erwähnt, dass ich mal einen selbstberufenen Philosophen getroffen habe, der sagte, dass alle menschlichen Handlungen letztlich auf Feigheit, Geilheit oder Dummheit zurückgeführt werden können. Das seien die einzigen Motivationen des Menschen.

»Freund«, entgegnete ich da dem Missmutigen, »was motiviert dich denn, das zu behaupten? Feigheit und Geilheit fallen da wohl raus, oder?«

Da wollte der Philosoph nicht mehr mit mir reden. Er ging lieber nach Hause und bumste ängstlich einen Schuhkarton voller Scherben, um seine These doch noch zu beweisen. Das nennt man übrigens ShoeBoxing. Hab ich gehört.

ShoeBoxing und BellyButtoning – das Universum ist eine Blume, auf der Misthaufen sprießen, denke ich manchmal. Ob der Urknall damit gerechnet hat?

Vermutlich nicht, sonst wäre er wohl lieber auf die Kirmes gegangen, als ein Universum hervorzubringen.

Der Philosoph hält übrigens nicht beim Urknall an, sondern geht gerne noch einen Schritt weiter zurück und fragt sich, woher dieser Knall eigentlich kam. Es scheint ihm nämlich irgendwie nicht plausibel, dass der einfach so grundlos vor sich hingeknallt hat, als wäre es Silvester. Ein Universum, das am ersten Januar angefangen hätte, wäre jedenfalls mit ziemlichen Kopfschmerzen weitergegangen, denkt der Philosoph und kratzt seinen grünen Rüssel.

Er zögert.

Woher hat er denn jetzt einen grünen Rüssel an der Stirn?

Urknall, antwortet er sich selbst.

Aber da muss doch vorher, vor dem Knall, schon was gelaufen sein. Und seien es »Dinner for One« und der ARD-Jahresrückblick.

Von nichts kommt nichts, sagte meine Omma immer und schmierte mir eine doppelte Schicht grobe Leberwurst auf ein Knäckebrot. Und so wusste ich wenigstens, woher es kam, dass ich wieder die halbe Nacht mit dem Klärwerk stille Post spielte.

Aristoteles hatte da einen anderen Ansatz als Omma. Er dachte sich, dass jede Bewegung einen Grund haben muss. Das müsste sich, so grübelte er sich zusammen, letztlich auf einen ersten Grund oder, wie Aristoteles gesagt hätte, einen ersten Beweger zurückführen lassen. Dieser müsse logischerweise unbewegt sein wie der Blick einer Kuh beim Weltuntergang.

Dieser unbewegte Beweger bewegt übrigens die Welt, indem er über sich selbst nachdenkt und sich dabei gleichsam im Kreis dreht. Es ist schon ein bisschen süß, dass Aristoteles nicht darauf gekommen ist, dass er mit dieser Idee eigentlich sich selbst meinte.

Es ist ja auch irgendwie ein geiler Gedanke, dass die Welt nur existiert, weil wir darüber nachdenken. Okay, es ist auch ein bisschen feige und dumm.

Ich für meinen Teil will mit Sicherheit nicht verantwortlich sein für BellyButtoning und ShoeBoxing.

Ich habe das Kondom darum wieder zwischen die Sitze gesteckt.

Soll der Urknall mal gucken, wie er damit klarkommt.

12. Was ist Freundschaft?

Eines Tages stieg ein Mann in mein Taxi, der hatte zwei Köpfe.

Ich erschrak etwas, als ich im Rückspiegel sah, dass der eine Kopf auch noch Hörner hatte. Dann erinnerte ich mich an die Worte Wittgensteins, der in geselliger Runde oft sagte: Ein Mensch mit zwei Köpfen wird nicht dadurch schlimmer, dass der eine Kopf Hörner hat. Das stimmt zwar nicht im Geringsten, beruhigte mich aber etwas.

Als ich mich umdrehte und erkannte, dass nur einer der Köpfe an dem Mann dran war, der andere hingegen der ausgestopfte Kopf eines Hirsches mit wuchtigem Geweih, sank mein Adrenalin noch ein bisschen weiter.

Der Fahrgast – übrigens in voller Jagdmontur – sah meinen Blick und sagte:

»Zur Tierklinik.«

Es war der Beginn einer wunderbaren Freundschaft. Wir waren wie Dick und Doof, wir waren wie Deep und Dope, wie Pommes und Mayo, wie Hegel und die idiotische Idee, das Universum sei vernünftig.

Es war eine dieser seltenen Freundschaften, bei denen

man auch mal gut zusammen schweigen kann. Wir ließen Stille zwischen uns Platz nehmen wie eine alte Frau in einem gemütlichen Lehnstuhl. Es mag manchen als Kunst gelten, sich gegenseitig einen Hering an die Fontanelle zu quatschen, aber die wahre Freundschaft findet man dort, wo auch im Ungesagten ein Verständnis vorhanden ist. Diese wertvolle Lektion habe ich bei Quentin Tarantino in »Pulp Fiction« gelernt. Das und dass ein Pony an Uma Thurman besser aussieht als Uma Thurman an einem Pony.

Um genauer zu sein, sprachen der Fahrgast und ich kein Wort mehr, bis er am Bahnhof ausstieg und ich ihn nie wiedersah. Ich hatte intuitiv gespürt, dass die Tierklinik auf Gleis 4 liegt.

Der neue Tagesabschnittsfreund gab mir beim Aussteigen eine Hasenpfote als Trinkgeld, weswegen ich alsbald meine Schicht beendete. Denn an der Hasenpfote war der Rest vom Hasen noch dran und der sah irgendwie hungrig aus. Erst da merkte ich, dass auch ich Hunger hatte. Und so sahen der Hase und ich uns gegenseitig hungrig an.

Auch das wurde eine eher kurze Freundschaft.

Für den guten alten Epikur bestand ja kein Zweifel daran, dass jede Freundschaft mit dem Nutzen beginne – und in dem Moment habe ich das zum ersten Mal verstanden. Mit Knödeln und Rotkohl.

Nach dem Essen dämmerte mir, dass der Jäger in meinem Taxi vermutlich völlig verrückt war. Gut, dass er inzwischen vermutlich schon in München war. Dort wird seine Montur eventuell als volkstümlich gedeutet, dann hat er schnell neue Freunde und ihm wird vielleicht sogar noch ein Orden angehängt oder ein Schuh geplattet.

Aber was ist Freundschaft denn nun eigentlich?

Wenn man die Idee von Epikur zu Grunde legt, dass Freundschaft mit dem Nutzen beginne, könnte man vielleicht sagen: Freundschaft ist, wenn man sich gegenseitig einen Gefallen schuldet.

Das würde zumindest auch erklären, warum Freundschaften stets schnell aufzuhören pflegen, wenn ein Freund dem anderen Freund Geld leiht. Wenn ihr Freunde habt, die euch auf den Keks gehen, indem sie permanent von der Überlegenheit der deutschen Filmkomödie im direkten Vergleich zum ungarischen Gulasch erzählen, dann könnt ihr sie ganz einfach loswerden: Geht zu ihnen und drückt ihnen 10000 Euro in die Hand, mit dem Hinweis, dass ihr das Geld erst nächste Woche wieder braucht.

Von denen hört ihr nichts mehr.

Zugegeben, 10000 Euro sind eine Menge Geld. Aber deutsche Filmkomödien? Da müssen wir doch nicht lange diskutieren, oder? Da reicht ein Blick in die leeren und seelenlosen Augen von Til Schweiger oder Schweighöfer oder wie der heißt, um zu wissen, woran man ist.

Und wenn ihr das Geld im Moment nicht parat habt, dann fragt doch einfach eure Freunde – ein paar von denen leihen euch sicher gerne was.

Der feine Herr Nietzsche hat mal gesagt, dass Freundschaft und das Führen einer Ehe ähnliche Fähigkeiten voraussetzten. Auch da ist viel Wahres dran, denn in beiden Fällen kommt es ja maßgeblich darauf an, dass man miteinander klarkommt, auch wenn man keinen Sex hat.

Die Moral dieses Kapitels lässt sich übrigens in einem einfachen Leitsatz zusammenfassen, der in jeder Lebenssituation weiterhilft: Ein Mensch mit zwei Köpfen wird nicht dadurch klüger, dass der eine Kopf Hörner hat. Freundschaft bedeutet, trotzdem beiden Köpfen zuzuhören.

13. Ist der Unterschied zwischen Geist und Materie eigentlich materiell oder geistig?

Eine der schönsten Streitigkeiten, die sich durch die Geschichte der Philosophie ziehen, erwuchs aus der Frage, was in unserem Kopf eigentlich los ist. Das kann soweit nicht überraschen – Rennfahrer reden ja auch gern über Autos und FDP-Mitglieder über Einsamkeit.

Seien wir mal gnädig mit Aristoteles, der vermutete, das Gehirn als Organ sei dazu da, das Blut zu kühlen. Wenn man einen Kopf aufsägt, klebt ja an dem grauen Lappen im Schädel nun mal kein Post-it, auf dem steht: »Denkmaschine! Bitte gelegentlich mit Bier ölen!« Woher sollte Aristoteles also ahnen, dass in dieser formarmen grauen Pampe das Denken stattfindet?

Heute sind wir einen Schritt weiter. Wir wissen: Wenn wir an einen Käsekuchen denken, dann fangen ein paar Neuronen in unserem Gehirn an, mit elektrischer Spannung um sich zu werfen, neue Leitungen zu verlegen und alte zu kappen und ähnliche Manöver zu vollführen. Das kann man dann nämlich messen, da gibt es Geräte für, die den Gedanken an den Käsekuchen als Elektrogeflacker im Kopf sichtbar machen. »Bildgebende Verfahren« nennt man das, in der Praxis erhält man dann bunte Bildchen vom Hirn, die ein wenig aussehen wie Brokkoli, der im Farbkasten Amok gelaufen ist. Aristoteles hätte nicht schlecht gestaunt über unsere Fortschritte.

Wenn ich heutzutage allerdings mit meinem Taxi durch die Fußgängerzone fahre und mir das Volk anschaue, scheinen mir die meisten ihr Gehirn doch eher zum Kühlen des Blutes zu nutzen. Aber ich will mich auch gar nicht über Aristoteles lustig machen, denn bis heute halten sich ähnliche Ideen auch bei uns. Wer kennt nicht jemanden, der denkt, die Liebe wohne in seinem Herzen?

Das ist natürlich völliger Torf. Die Liebe wohnt in der linken Kniescheibe. Im Herzen wohnt lediglich das Leben. Wirklich jetzt! Das kann man sogar ganz leicht überprüfen! Wenn Sie jemandem mit einem rostigen Taschenmesser an der linken Kniescheibe rumsäbeln, dann wird er auf absehbare Zeit keine Liebe mehr verspüren. Machen Sie dasselbe mit dem Herzen, ist die Person tot. Was zu beweisen war.

Jetzt dürft ihr aber nicht denken, dass der Keks mit dem Denken schon gegessen ist. Der menschliche Geist ist den Philosophen ein hohes Heiligtum, obwohl er konsequent zu unheiligen Gedanken tendiert. Dass unser Denken also nur ein Geblitze im neuronalen Netz wäre, nehmen die meisten Philosophen nicht so einfach hin. Eine Idee, so ihre Argumentation, ist doch etwas Unkörperliches, existiert mithin in einer ganz anderen Sphäre.

Das ist natürlich genauso Quatsch wie zu behaupten, dass ein Wald mehr sei als die Summe seiner Bäume und darum in einer eigenen Sphäre existiere. Aber die Leute glauben gerne an den Geist des Waldes, umarmen Bäume und träumen von Veitstänzen mit Elfen. Die Philosophen sind da nicht groß anders, sie umarmen halt nur ihre Gedanken.

Man muss den Denkern dabei zugutehalten, dass sie außer dem Verstand und der Vernunft nichts haben. Und wenn das auf die körperliche Ebene runtergeschraubt wird, sind sie nicht mehr Chef einer eigenen Welt, sondern nur noch Knechte unter der Knute des grauen formlosen Kapitäns Hirnpampe.

Aber es scheint, dass es schon soweit ist. Mancher wagt sich inzwischen an den Gedanken, dass »Denken« nur eine zusammenfassende Bezeichnung für die chemischen Prozesse im Gehirn ist, so wie »Verdauung« eine zusammenfassende Bezeichnung für die chemischen Prozesse in Magen und Darm ist. Das schmerzt den traditionellen Philosophen nicht nur, davon kriegt er auch Hunger.

Eine Sache ist aber wahr: Wenn mir mal wieder ein menschlicher Volleimer hinten im Taxi hockt und mir einen vom Unterschied zwischen Country und Western erzählt, dann kann es ganz schnell passieren, dass mein Denken sich verabschiedet. Der Körper bleibt aber da. Wie sollte das gehen, wenn die beiden dasselbe sind?

Der gute alte Teilzeitzweifler Descartes dachte ja, es gebe da einen Verbindungspunkt im Gehirn, an dem Sinnesreize in Gedanken umgewandelt werden und andersrum. Er machte dafür den sogenannten Mandelkern verantwortlich. Das klingt für meine Ohren aber mehr nach einer Praline als nach einer Hypothese.

Irgendwie kriege ich auch langsam Hunger. Ich gehe jetzt was essen.

Bitte entschuldigt, dass ich euch die Frage nicht endgültig beantworten kann. Es ist mir schon ein bisschen unangenehm, aber in der entsprechenden Vorlesung während meines Studiums war ich auch nur körperlich anwesend. In Gedanken ölte ich meine Blutkühlung mit Bier.

14. Was' los DiskoPanzer?

Nur allzuleicht kommt es zu Missverständnissen.

Mein erstes Taxi war wie die FDP: klein und gelb. Aber es war derartig klein und gelb – wenn ich da das Fenster einen Spalt aufgelassen habe, wurde es von Touristen auf Chinesisch nach dem Weg gefragt.

Sorry, der Witz ging früher eigentlich anders und deutet das Taxi nicht zum Asiaten um, sondern zum Briefkasten.

Darum sollte man sich auch im Falle einer ernsthaften Erkrankung der Leber nicht, wie sonst immer, mit offenem Mund an den Straßenrand stellen. Außer man verspürt einen Appetit auf Postkarten.

Mir schmecken die immer zu sehr nach Kuli und Briefmarken. Aber die Leute mögen ja ganz verschiedene Sachen. Ein Bekannter ist z. B. weniger ein Freund der gehobenen Abendunterhaltung als vielmehr der gehobenen Stahlplatte. Man berichtet mir, dass er einst mit einer hoffnungsvoll verkopften Jungautorin ins Gespräch kam und ihr vorwarf, zwar optisch einiges herzumachen, aber vom Unterhaltsamkeitsfaktor eher so in der Graubündner Kieselstein-Liga zu spielen.

Sie entgegnete:

»Es kann schon sein, dass zwischen deiner Erwartungshaltung und meinen Texten eine gewisse Diskrepanz besteht!«

Worauf er natürlich wissen wollte:

»Was? DiskoPanzer? Was los – DiskoPanzer?«

Dann begann er zu tanzen und sie enteilte in den Dunst der Dunkelheit, wobei sie, nach Zeugenaussagen, etwa drei Zentimeter über dem Boden schwebte und die Nase stolz hochhielt wie eine antike Stele.

Doch selbst, wenn der seltene Fall eintritt, dass wir das Wort verstehen, das unser Gegenüber im Gespräch benutzt, bleiben Missverständnisse nicht so ausgeschlossen wie Hunde vor der Metzgerei. Denn wir meinen ja mit einem Wort oft ganz verschiedene Dinge.

Ein einfaches Wort wie »Banane« ist vermutlich bei den meisten von uns im Kopf mit der Farbe Gelb verbunden. Auch werden wir uns mit wenigen Ausnahmen darauf verständigen können, dass man in eine Banane trotzdem keine Briefe einwirft.

Von ein paar Grundlagen abgesehen gehen die Assoziationen aber weit auseinander. Mancher denkt vielleicht sofort an einen Urlaub im Süden, in dem er als Kind das erste Mal eine Banane gegessen hat. Ein anderer denkt die alte Frage »Warum ist die Banane krumm?«

Du hingegen musst vielleicht sofort kotzen, wenn du an die Konsistenz der Banane denkst. Und wieder ein anderer erinnert sich an die B 283 kurz vor Marktneukirchen, weil die auch etwas krumm ist und dort oft Verstopfung herrscht.

Der gute Sprachphilosoph Willard van Orman Quine war nicht nur ein großer Freund des Calypso und hatte damit nachweislich den besten Musikgeschmack der Philosophie-Geschichte. Er hätte das Problem mit der Banane auch in etwa so zusammengefasst:

Jeder Mensch hat eine ganz eigene Geschichte davon, wie er seine Sprache gelernt hat. Als wir klein waren, haben wir irgendwann Bestätigung erhalten, wenn wir »Banane« gesagt haben und eine solche Frucht im Raum war. Dadurch haben wir irgendwann gelernt, dass diese Geräuschfolge »Ba-Na-Ne« irgendwie mit dem krummen Ding zusammenhing. Und auch wenn man ein krummes Ding drehte, blieb es eine Banane.

Aber aufgrund der individuellen Erfahrungen beim Spracherwerb und im weiteren Verlauf haben wir alle in unserem Geist nicht etwa die exakte und gleiche Idee einer Banane, sondern, sagen wir, eher ein Gebüsch, das in die Form einer Banane geschnitten wurde. Auf diese äußere Form können wir uns alle einigen. Aber innendrin besteht das Gebüsch bei jedem aus ganz verschiedenen Blättern und Zweigen.

Das wird natürlich noch viel, viel komplexer, wenn es nicht um einfache Worte wie »Banane« geht, sondern um abstraktere Begriffe wie »Zeit« oder »Liebe«. Ich bin überzeugt, dass es da draußen nicht zwei Menschen gibt, die mit dem Wort »Liebe« genau dasselbe verbinden. Und trotzdem verstehen wir uns glücklicherweise erstaunlich oft. Wenn nicht grade ein DiskoPanzer unterwegs ist.

Ich muss sagen, die Theorie von Quine hat mich ziemlich überzeugt.

Es wird heutzutage einfach zu lax mit der Sprache umgesprungen, da fehlt nicht nur im Bereich der akademischen Philosophie oft die Präzision. Kürzlich habe ich eine Handvoll Jugendlicher nicht mitnehmen wollen, mit der eigentlich recht einleuchtenden Begründung, dass sie mir ins offene Fahrerfenster gekotzt hatten. Daraufhin riefen sie mir zu, ich sei schwul und behindert. Ich entgegnete sanft wie eine Schafherde, die Weichspüler geraucht hat, dass sie entweder meine sexuelle Orientierung und meine körperliche Unversehrtheit falsch einschätzten oder zwischen ihrem und meinem Verständnis von »schwul und behindert« eine gewisse Diskrepanz bestünde.

Sofort begannen drei von ihnen, den »Diskopanzer« zu tanzen, und der Vierte kotzte in ein Gebüsch. Es hatte die Form der Liebe.

15. Was ist der Unterschied zwischen Mensch und Tier?

»Ich war noch ein Kind, da kam eine Ziege, eine Ziege in unsere Stadt.«

(Die Kassierer)

Es geschah an einem Abend.

Meine Schicht war fast vollendet, und erschöpft von einem langen Tag wartete ich hinter dem Bahnhof auf Fahrgäste. Ohne große Lust lauschte ich den Klängen des Autoradios, als sich eine Hintertür öffnete und ein Pony in mein Taxi stieg. Das Pony trug eine Schuluniform, eine Brille mit abgeklebtem Auge und forderte mit starkem schweizerdeutschen Einschlag, zum Rheinfall nach Schaffhausen gefahren zu werden.

Während ich anfuhr, meinte ich, noch einige gemurmelte Verwünschungen über Niederflurgelenkbusse zu hören, durch deren Türen man als Huftier nicht passe. Vielleicht täusche ich mich da aber auch, ich war zu dem Zeitpunkt schon seit 36 Stunden hinterm Steuer.

Das ist der Unterschied zwischen Mensch und Tier: Kein

Mensch will zum Rheinfall nach Schaffhausen. Obwohl es dort sehr schön ist. Gischtschäumend umschlingt der Rhein eine Handvoll standhaft verkoppelter Felsen, im Hintergrund schwingen sich waldbewachte Hügel gleich Schwalben in den tautrüben Himmel, und auf den Aussichtsplattformen für Touristen drängen sich Dutzende Ponys, um den besten Platz für einen Schnappschuss des Spektakels zu ergattern.

Habt ihr gemerkt, wie ich im letzten Satz Pony, Gatter und Koppel untergebracht habe? Nein? Seht ihr, das ist auch ein Unterschied zwischen Mensch und Tier: Wenn in der Jury für den Literatur-Nobelpreis ein Haflinger, ein Araber und ein Shetland-Pony säßen, dann hätte ich damit ganz gute Chancen. Allerdings wäre der Preis dann auch nicht mit einer Million Euro dotiert, sondern mit 500 Kilo Hafer.

Aristoteles war ja der Auffassung, die besondere Eigenschaft des Menschen sei das Denken; damit grenze er sich vom Tier ab. Nun ja, für einen Denker ist das ein interessanter Standpunkt. Wenn Aristoteles Fußballer gewesen wäre, gleichsam der Lionel Messi der Antike, dann hätte er vermutlich behauptet, die besondere Eigenschaft des Menschen sei es, Überzahl in Ballnähe herzustellen und dabei die Abwehr nicht zu entblößen.

Da steh ich nun, ich armes Tor. Ist Fußball der Unterschied zwischen Mensch und Tier? Nun ja, habt ihr schon mal ein Pony einen Elfmeter schießen sehen?

»Elfmeter in der 89. Minute im Champions-League-Finale Real Madrid gegen Manchester United, die Spannung im Stadion ist beinah mit den Händen greifbar. Ein letzter Blick auf das Tor, dann nimmt er Anlauf, zieht ab – der Torwart springt gekonnt, aber in die falsche Ecke! Tor! Tor! Das ist die Führung durch Butterblume, das zweijährige Shetland-Pony aus der Lüneburger Heide!«

So ein Quatsch. Ponys spielen keinen Fußball, sie interessieren sich nur für Wasserfälle.

Denken fällt für mich jedenfalls als Unterscheidungsmerkmal zwischen Mensch und Tier aus, denn ich habe so manches durchschnittlich begabte Huhn überlegter handeln sehen als meine Taxi-Gäste in einer Samstagnacht.

Eine Henne, die brüllt »Wer nicht hüpft, der ist ein Schalker!«, und mir dann auf den Rücksitz kotzt, ist mir jedenfalls noch nicht untergekommen. Menschen hingegen, die Körner vom Boden picken, Eier legen oder morgens auf einem Misthaufen sitzend krähen, habe ich allein in meinem Freundeskreis einige Dutzend.

Die Evolutionstheorie nimmt ja sogar an, dass alle Menschen, Tiere und Pflanzen sich im Laufe von Milliarden von Jahren aus denselben einfachen Einzellern entwickelt haben. Wenn man das bedenkt, versteht man auch, warum die Anhänger der Schöpfungslehre wütend auf die Evolutionisten sind – grade die amerikanischen Kreationisten singen ja gerne davon, dass sie sich nicht zu Affen machen lassen wollen. Sie möchten halt lieber von einem unsichtbaren übermächtigen Wesen auf einer Wolke abstammen.

Das verstehe ich ja. Aber es ist trotzdem möglich, das Ganze so zu betrachten: Vor einiger Zeit gab es nur Einzeller, die sich munter in verschiedene Richtungen entwickelt haben. Pflanzen, Tiere und Menschen haben gemeinsame Ahnen.

Man kann also mit einiger Berechtigung auf eine Tanne zeigen und »Uroma« zu ihr sagen. Dann würde ich wenigstens auch verstehen, was es mit dem Weihnachtsbaum auf sich hat. Seltsame alte Verwandte tauchen ja meist in jährlichen Zyklen auf – und am liebsten, wenn es draußen kalt ist, damit man sie nicht so einfach wegjagen kann.

Ach, wisst ihr, ich denke, wir sind alle Tiere der Gattung Mensch. Wir sind einfach nichts essenziell anderes als ein Huhn, auch wenn ein paar von uns vielleicht gelegentlich ganze Sätze formulieren können. Aber wir halten eben auch zu unserer Gattung und ziehen eine Linie zwischen uns und den anderen. Und darum unterstütze ich keine Tierschützer, solange noch ein Kind hungert.

Wenn euch das aufregt, schreibt eure Beschwerden auf einen Zettel, faltet euch daraus ein Schiffchen und ab damit zum Rheinfall.

Hü, Pony, hü!

16. Was ist Tapferkeit?

Die Tapferkeit ist wie ein Geländewagen: auf Abenteuertour in unbekanntem Terrain sehr gut, im urbanen Dschungel eher überflüssig und sie verbraucht 25 Liter Sprit auf hundert Kilometer.

Für Platon zählte die Tapferkeit noch zu den vier Kardinaltugenden: Gerechtigkeit, Besonnenheit, Tapferkeit und Facebook.

Im vorigen Satz habe ich absichtlich einen Fehler untergebracht, um einen Witz zu erzeugen. Ich hoffe, es hat euch gefallen. Wenn nicht, dann möchte ich mich hiermit entschuldigen und mit dieser Entschuldigung demonstrieren, dass Tapferkeit nicht mehr so wichtig zu sein scheint. Oft beschleicht mich das Gefühl, dass Mut nicht mehr wirklich gefragt ist, weil er endgültige Entscheidungen voraussetzt. Aber jetzt, wo jedes Computerprogramm einen Rückgängig-Button hat, die meisten Verfehlungen potenziell entschuldbar sind und man in Krisenregionen erst Bomben und dann Pflaster schickt, fehlt immer öfter diese finale Qualität.

Wer rennt denn noch mit einer Streitaxt in die Schlacht

gegen Normannenhorden? Richtig: Rollenspieler am Computer. Aber die haben dann eben den Rückgängig-Button, und wenn ihnen jemand die Rübe abhaut, dann starten sie das Spiel neu. Der postmoderne Mensch (haha, postmodern) ist eben ein virtueller Buddhist. Wiedergeburt heißt den Kids von heute Respawnen oder Reloaden. Dazu braucht man aber keinen Mut, sondern nur viel, viel Freizeit.

Tapfer sind wir hingegen beim Zahnarzt und beim Bungee-Springen. Die Tapfersten machen das sogar gleichzeitig. Bohren beim Baumeln, das wagen nur die kühnsten Dentisten! Von den Patienten mal ganz zu schweigen. Obwohl, wer sich hobbymäßig von Funktürmen fallen lässt, der ist offensichtlich ohnehin recht schmerzfrei.

Doch im Alltag ist Mut nicht grade gefragt. Ein Bekannter hat sich mal dazu hinreißen lassen, bei einem Friseur zu sagen, der Maestro möge ruhig mal kreativ mit seinem Kopfhaar umspringen. Wer die Kreativität von Friseuren kennt – und diese kann man ja meist schon sehr gut an den Namen ihrer Läden erkennen –, der weiß: Das war wirklich mutig. Das war so mutig, dass Höhlentaucher und Feuerwehrleute, Kampfpiloten und Bahnhofsfischbudenkunden sich respektvoll verneigten. Gut, mein Bekannter sah nachher aus wie ein bartloser blonder Hitler und war auch ähnlich schlecht gelaunt. Aber tapfer war er, das musste man ihm lassen.

Das Beispiel war jetzt vielleicht gar nicht so top. Ich will ja auch nicht dazu auffordern, sich Diktatorenfrisuren zu machen.

Aber der Mangel an Risikobereitschaft ist an manchen

Stellen schon frappierend. Gelegentlich steigen spät an einem Wochenendabend ein Mann und eine Frau bei mir ins Taxi. Sie werfen sich Blicke zu, die selbst einer blinden Nonne klarmachen würden, dass ihre Hormone Opernball haben. Sie schmachten sich an, dass es einem italienischen Schmusebarden unmöglich gewesen wäre, das noch angemessen zu vertonen. Kurz: Sie sind scharf aufeinander wie ein glühendes Samuraischwert im Butterfass.

Weil sie sich jedoch beide nicht trauen, das einander einzugestehen, wollen sie dann von mir, dass ich sie jeweils nach Hause fahre.

»No risk, no risk«, sagen sie sich vermutlich.

In solchen Situationen sage ich dann immer etwa das Folgende:

»Es tut mir leid, aber das ist ein Einweg-Taxi. Ich kann euch nicht zu verschiedenen Zielen fahren. Wäre es nicht vielleicht möglich, dass die Dame bei dem Herrn übernachtet?«

Das funktioniert immer. In den Kindergärten meiner Stadt ist »Taxi« nach »Leon« der zweithäufigste Kindername.

Falls ihr mir nicht glaubt, könnt ihr das leicht recherchieren. Ruft einfach mal beim Standesamt an und fragt nach. Nur Mut.

17. Was ist Glück?

Wenn man aus 49 Zahlen zufällig genau sechs Richtige errät, dann würde wohl jeder sagen, dass das Glück ist.

Wenn man stirbt und dann im Jenseits zufällig auf die Gottheit trifft, die man zu Lebzeiten aus dem Katalog der 50000 Religionen und Splittergruppen dieser Welt für sich ausgewählt und heftig angebetet hat, dann ist das wohl auch Glück.

Anders gesagt: Eine katholische Nonne würde vermutlich irritiert gucken wie ein Vogel am Flughafen, wenn sie nach ihrem Ableben plötzlich vor dem ägyptischen Totengott steht, der ihr Herz gegen eine Feder aufwiegen will, weil sie sonst nicht auf den Himmelswagen darf.

Obwohl – welches Glück gäbe es für eine katholische Nonne im Christenhimmel schon zu holen? Beten bringt nix mehr, Bibel kann man eh auswendig und Teekräuter braucht da oben vermutlich auch keiner mehr. Nach einem Leben der freiwilligen Entbehrung jeglicher Sinnesfreuden, was soll einem da das Paradies schon zu bieten haben? Glück jedenfalls nicht.

Aber lassen wir das.

Das philosophische Quartett
Mönche & Partyvolk F1

**Thomas
von Aquin**
Geburt: 1225

Bart: -
Bücher: 40
Familie: Mönch
Ableben mit: 49
(ermordet mit vergiftetem Konfekt)
Google-Hits: 680.000
Weisheit: 5
Skill: War mittelalt.

Das philosophische Quartett
Mönche & Partyvolk F2

Epikur
Geburt: 341 v. Chr.

Bart: Vollbart (ca. 20 cm)
Bücher: 40
Familie: ein Garten
Ableben mit: 71
(Nierensteine)
Google-Hits: 513.000
Weisheit: 12
Skill: War glücklich.

Das philosophische Quartett
Mönche & Partyvolk F3

Meister Eckhart
Geburt: 1260

Bart: -
Anzahl der Bücher: 15
Familie: Mönch
Ableben mit: 68
(starb während eines Inquisitionsprozesses, aber vor dem Urteil)
Google-Hits: 829.000
Weisheit: 7
Skill: Schwer mystisch unterwegs.

Das philosophische Quartett
Mönche & Partyvolk F4

**Willard van
Orman Quine**
Geburt: 1908

Bart: -
Bücher: 16
Familie: verheiratet
Ableben mit: 92
(Weihnachten)
Google-Hits: 219.000
Weisheit: 9
Skill: Hörte gerne Calypso.

Wenn ein radioaktiver Komet alles Leben auf der Erde auslöscht außer einem selbst, weil man grade zufällig zum Probeliegen in einem Bleisarg war, dann ist das auch kein Glück. Außer man wollte grade eh mal mehr Zeit für sich haben – oder man vergeht sich gerne an Leichen. Ja, IGITT, ich weiß, das ist nicht schön, aber bei Leuten, die in Bleisärgen probeliegen, weiß man nie so genau.

Glück scheint auf jeden Fall gar mannigfaltig aufzutreten und so was Ähnliches zu heißen wie »Zufall, der einem echt gut zupasskommt«. Wie der Hauptgewinn an der Losbude Leben eben – die wahre Liebe ist in diesem Bild ein Riesenteddy, der einen froh macht, aber später im Autoscooter die Sicht versperrt. Und gegen 22 Uhr hinter der Geisterbahn »vergessen« wird.

Aber ist es dieses Glück, von dem die Philosophen immer sagen, dass wir alle danach streben? Wann hat man zuletzt einen Herrn in Cordjacke mit Lederverstärkung an den Ellebogen und einer 800-seitigen Monographie namens »Postmoderne Perspektiven auf die Solipsisten« unterm Arm in einem Kiosk mit seinem Monokel ein Rubbellos bearbeiten sehen?

Gestern?

Du lügst doch!

Ich fahre jetzt rechts ran und dann steigst du sofort aus meinem Buch aus!

Sorry. Manchmal geht der Taxifahrer mit mir durch.

Ich bin eben nach außen hin ein Denker, aber innendrin ein Puma. In der Hörbuchfassung wird an dieser Stelle ein irres Fauchen eingespielt. Hier geht das leider nicht. Glück gehabt.

Aber zurück zum Glück: Es gibt eben noch eine andere Sache, die wir auch als Glück bezeichnen. Die klugen Engländer haben zur besseren Unterscheidung zwei »Wörter« – jenes Losbuden-Glück nennen sie »Luck«, dieses Glück, nach dem wir streben, heißt »Happiness«. Aber beneiden wir die Engländer nicht zu sehr ob ihrer vielen Wörter, zum Ausgleich haben sie nur eine Soße und das ist Pfefferminz.

»Darf es noch etwas Pfefferminz-Soße auf Ihren Backfisch sein?« In England ist das die legitime Rückfrage eines Kellners, der um die Happiness seines Kunden besorgt ist – in Deutschland Argument genug für einen Totschlag aus Notwehr. Panieren und frittieren Sie den erschlagenen Kellner, gießen Sie ein paar Liter Pfefferminz-Soße drüber und legen Sie ihn so vor eine Polizeiwache Ihrer Wahl – in zwölf Bundesländern und dem Freistaat Bayern kommen Sie straffrei davon. Zu Recht.

Das klingt alles schräg, aber es macht klar, warum man den Dalai Lama selten in Begleitung von riesigen Kirmes-Teddys sieht, obwohl er doch dauernd über das Glück redet. Schade eigentlich.

Wahres Glück gibt es eben nicht an der Losbude. Außer man ist eher einfacher gestrickt und freut sich auch gerne mal ein paar Stunden lang darüber, dass sowohl Delfine als auch Milchtüten oben Löcher haben. Oder man ist der Dalai Lama und wollte immer schon mal einen Teddy.

Ich würde an dieser Stelle ja auch noch ein paar kritische Bemerkungen zum Thema »Glücks-Ratgeber« einflechten, aber diesem Thema kann man nichts mehr hinzufügen, seit Paul Watzlawick seine »Anleitung zum Unglücklichsein« geschrieben hat. Wer dieses kluge Buch nicht liest, sondern sich stattdessen ein beliebiges, bunt bedrucktes Machwerk zulegt, das im Klappentext angibt, den Weg ins wahre Glück weisen zu können, der gehört in Fell genäht und auf der Kirmes verlost.

Vielleicht streichelt euch ja schon bald der Dalai Lama den Bauch.

Das ist Glück.

18. Was ist Kultur?

Um meine Chancen auf dem Arbeitsmarkt konsequent zu minimieren, hatte ich seinerzeit beschlossen, nicht nur Philosophie, sondern als Nebenfach auch noch Europäische Ethnologie zu studieren. Denn wird man als Philosoph vom Arbeitsmarkt bereits belächelt, so multipliziert sich der Effekt durch einen Abschluss in diesem Fach. Auf einen Personalchef im Bewerbungsgespräch wirkt man damit wie ein Axtmörder, der auf dem Elternsprechtag der Waldorfschule anbietet, dass er den Kindern einen Workshop im Schädelspalten geben könnte.

Dabei macht die Europäische Ethnologie, oder auch Kulturanthropologie, eigentlich etwas sehr Hübsches: Sie untersucht die Sitten und Gebräuche der Eingeborenen Europas: Doku-Soaps gucken, Bier trinken und das Facebook-Profil der Exfreundin checken sind zum Beispiel in allen Stämmen und Sippen Mitteleuropas verbreitete Riten, mit denen man den mythologischen Donnergott LANGEWEILE ins Walhalla jagen will.

Dem Ganzen liegt ein eher weit gefasster Begriff von Kultur zu Grunde. Lange hatte ich ja geglaubt, Kultur beginnt erst da, wo ALF und Scooter aufhören – aber falsch gedacht. Kultur ist bereits, wenn wir uns darauf verständigen, nicht neben die Schüssel zu machen. Denn da ist ein Klärwerk am Ende des Tunnels.

Das ist natürlich totaler Emmentaler, aber weil ich es in ein Buch geschrieben habe, ist es trotzdem Literatur und damit Kultur. Darum ist eben auch »Hyper, Hyper« (griechisch: »Über, Über«) von Scooter nicht erst Kultur, wenn Miles Davis das mit dem London Symphony Orchestra neu aufführt und eine Gruppe geistig leichtfüßiger russischer Ballett-Genies dazu Bewegungen vollführt, als gelte es, dem Donnergott SINNLOSIGKEIT ein fleischliches Mahnmal der Flexibilität zu errichten.

Der Donnergott FORMULIERUNG ist heute stark in mir.

Ich will damit nicht sagen, dass wir alle Opernhäuser und Theater abreißen sollten, um mehr Arenen errichten zu können, in denen schlecht frisierte Tekkno-Päpste den Vier-Viertel-Takt in den Arsch heiraten können. Aber ich habe doch gelernt, dass man keinen Deut mehr Kultur hat, nur weil man Synkopen besser findet als Synthesizer. Anzunehmen, Kultur gäbe es nicht im Dreierpack im Discounter, ist ein Zeichen einer von dekadenter Arroganz zermörserten Selbstüberschätzung, bitch!

Die feinen Herrschaften, die sich »die oberen Zehntausend« nennen, lutschen blassen Schleim aus Muscheln und saugen dem Stör die Eier aus dem Wanst. Und nur weil sie »Austern« und »Kaviar« dazu sagen, ist das noch keinen Meter weniger ekelhaft als ein Big-Mac-Menü ohne Eis in der Cola. Es sind zwei nebeneinander existierende Formen von Kultur. Nebeneinander, nicht übereinander.

Gestern sind drei Herren in feinem Seidenzwirn NICHT in mein Taxi gestiegen, weil keiner von ihnen vorne sitzen wollte und sie auch nicht zu dritt auf die Rückbank wollten. Das war wohl unter ihrer Würde, also haben sie ein zweites Taxi dazubestellt. Sie haben dann die Viertelstunde bis zum Eintreffen meines Kollegen halb auf Business-Englisch, halb auf Altgriechisch darüber diskutiert, ob die Sitzordnung der FDP-Mitglieder des Kreistagsausschusses zur Bankenkrise Ausdruck der fortschreitenden Tendenz zur neoliberalen Anarchie in Mitteleuropa gewesen sei und in ihrer Dissonanz an das Spätwerk von Ingeborg Bachmann oder zumindest die hyperbolische Linienführung der letzten Schaffensphase von Joan Miró gemahnt habe.

Als die Fahrt endlich losging, wusste ich, was zu tun war. Ich nahm aus dem Handschuhfach meine Scooter-CD, hängte eine kleine Diskokugel an den Rückspiegel und noch vor dem Eintreffen am Bahnhof hatte ich den überkulturellen Teufel exorziert und wir fragten das Universum gemeinsam grölend:

»How much is the fish?«

Keine Sorge, wenn ihr nicht versteht, warum in einer modernen Shakespeare-Inszenierung bei euch im Theater einige brennende Dackelleichen auf Rollbrettern durch eine Schlammpfütze gezogen werden, während jemand im Brustton der Überzeugung schreit: »Sieg den Kräften der undemokratischen Gefangenheit!«

Keine Sorge, wenn Peter Sloterdijk sein Philosophisches Quartett leitet und ihr nichts anderes denken könnt als:

»Was hat der Mann für einen affigen Bart? Ob der nach dem Verzehr von Pudding noch zwei Wochen nach Vanille riecht?«

Keine Sorge, wenn euch in Mahlers 2. Symphonie nicht die Entstehungsgeschichte jedes Tonartwechsels unmittelbar vor Augen steht.

Und wenn ihr in einer Vernissage vor einem schwarzen Kreis auf einem ansonsten leeren Blatt Papier steht, für das der Künstler 250 000 Euro will, weil er daran drei Jahre gearbeitet hat, dann kauft das Bild einfach nicht.

Wenn ihr Kultur wollt, reicht es manchmal einfach auch, nicht neben die Schüssel zu machen und dabei Scooter zu hören. Ganz egal, wieviel der Fisch ist.

Und wenn ihr die Antwort darauf doch irgendwann mal braucht, fragt einen Angler. Er wird euch bestätigen: Der Fisch ist sehr, sehr viel.

19. Ist das Kunst oder kann das was?

»Kunst kommt von Können«, sagt der Volksmund.

Aber der Volksmund sagt auch, dass das Dschungelcamp eine Spitzensendung sei und Günther Jauch der klügste Mensch Deutschlands. Das ist natürlich so falsch wie ein Stacheltier auf Amphetaminen im Luftballon-Laden.

Besser wusste es Jonathan Meese, der einst sagte: »Kunst kommt von Conan!«

Wer jetzt nicht weiß, wer »Conan, der Barbar« ist, dem lasse ich kurz Zeit, das im Internet zu recherchieren. (Bitte vorher essen und dann sicher hinsetzen, wenn ihr zusätzlich im Netz nach »Jonathan Meese« suchen wollt.)

(PAUSE)

(LOL)

Na, seid ihr fertig?

Wie bitte?

Ihr könnt nicht ins Internet, weil ihr grade auf dem Klo sitzt? Das ist ja absolut widerlich! Ich hab doch mein Buch nicht in kurze Kapitel unterteilt, damit man diese beim Verrichten der Verdauungsarbeit nebenher lesen kann! Die Textlänge ist so angelegt, damit man sich damit von der Verrichtung der ehelichen Pflichten ablenken kann. Damit meine ich Spülen, Kochen und Fensterputzen.

Das ist mein Humor!

Das ist Kunst!

Wem der letzte Absatz zu grob war, dem rufe ich ungeniert zu: »Kunst kommt von Conan!«

Ach, der gute Jonathan Meese. Jederzeit würde ich eins seiner Bilder anstatt einer Steuererklärung einreichen. Es besteht eine 50/50-Chance, dass ich damit durchkomme. Kann aber eben genausogut sein, dass eine hornbebrillte Finanzbeamte mit energischem Kurzhaarschnitt daraus Konfetti stanzt, sich einen Partyhut aufsetzt und mir die lustigste Steuerprüfung aller Zeiten aufbrummt.

»Kann ich diese Clownsnase von der Steuer absetzen?«

»Nein, aber Sie sollten sie am Steuer absetzen!«

Ich weiß, dass das ungefähr so lustig ist wie ein Zahnarzt, der sagt, dass er für eine Wurzelbehandlung normalerweise in den Wald geht. Trotzdem wäre es noch die lustigste Steuerprüfung ever.

Easy.

Heute stand in der Zeitung, dass eine Künstlerin in einer Galerie als Performance ein Kind geboren hat. Da hab ich gedacht: Das würde ich mich so nicht trauen.

Dahingegen würde ich gerne mal wie Beuys ein bisschen Unrat ins Museum legen und dann mit einem toten Hasen über einen Ast klettern. Ich würde nicht sagen, dass das Kunst ist, aber grade zwischen Frühstück und Brunch ist mir oft ein wenig fad und ich glaube, das würde mir richtig töfte Spaß bringen. Besonders, wenn Leute kämen und Eintritt zahlten, um mir beim aasbewehrten Astklettern zuzusehen.

»Sehet! Er trägt einen Hasen!«

Und grade kürzlich ging ein Skandal durch die Medien – eine Dortmunder Putzfrau hatte eine schwarze Wanne gereinigt, an deren Boden sich eine milchig-weiße Schicht befand. Die Herkunft der Schicht war ihr unbekannt, aber todesmutig putzte sie, bis die Wanne glänzte.

Dann stellte sich leider heraus, dass es sich um eine Skulptur von Martin Kippenberger gehandelt hatte. Geschätzter Wert 800 000 Euro. Als ich davon las, schlug ich dem Museum vor, ich könnte eine neue milchig-weiße Schicht in die Wanne machen. Jetzt hab ich da Hausverbot.

Nur am Rande sei erwähnt, dass ich mich hier keineswegs zwischen den Zeilen über Kippenberger lustig machen möchte. Er war und ist gut – ihr solltet in seine Ausstellungen gehen. Ich würde auch mitkommen, aber ich darf nicht mehr.

Wo wir grade von Kunst sprechen: Immer noch träume ich ja davon, eines Tages wie Picasso mit ein paar Strichen auf einer Serviette in einem Restaurant mein Essen zu bezahlen. Als Philosoph ist das natürlich etwas schwieriger denn als bildender Künstler.

Ich stelle mir das so vor, dass der Kellner mir die Rechnung bringt und ich sage dann: »Wussten Sie schon, dass das Leben absolut sinnlos ist und wir alle verlorene Parasiten auf einem verwesenden Planeten? Aber durch Askese, Meditation und Taxifahren können Sie sich vom Wollen befreien und das Nichts umarmen. Das ist das Quietiv des Wollens.«

Das wird wohl nichts. Vielleicht ist das auch zu umständlich. Aber hätte das ein besserer Philosoph geschafft, sagen wir Nietzsche?

»Sie hatten einmal gedünsteter Kohlrabi mit Fischstäbchen und ein Glas Mineralwasser, das macht 8,70 Euro.«

»Gott ist tot.«

»Ach so. Huch, nanu, Sie haben Recht! Na, dann kriegen Sie aber noch was zurück.«

»Passt so.«

Was für eine schöne Vorstellung. Ebenso schön die Idee, einen philosophischen Roman über einen Immobilien~~betrüger~~makler zu schreiben, der dann hieße: »Die Welt als Villa und Verstellung.«

Das wäre auch irgendwie Kunst.

Und in der Verfilmung könnte Conan die Hauptrolle spielen.

20. Ist verrückt was?

In meinem Beruf ist man ja nicht nur Überbringer formloser Menschen und menschenähnlicher Lebensformen von A nach B, sondern immer auch Ansprechpartner. Bei manchem merkt man gleich: Oha, der hat zu Hause nichts zu sagen, also nimmt er sein Erspartes und fährt eine Runde mit dem Taxi um den Block, um dem Fahrer das Trommelfell zu fluten. Da kriegt man dann in epischer Breite den Stammbaum innerlich verwelkter Zahnarzthelferinnen zu hören oder betritt per Erzählung den in Graustufen gehaltenen Sozialraum eines Studienrates in Frührente.

Häufig stellen mir die Fahrgäste aber auch sofort beim Einsteigen in mein Taxi Fragen:

»Wenn der lila Elch neben mir sagt, ich sei normal, und dafür auch eine Handvoll kugelrunder und wasserglasglatter Argumente hat, bin ich dann trotzdem verrückt, Herr Pfarrer?«

»Sie sind hier in einem Taxi. Und wenn Sie nicht das Wort ›Fahrer‹ ganz falsch betont haben, liegt wohl eine Verwechslung vor.«

»Ach so, dann bitte ein Big-Mac-Menü ohne Eiswürfel in der Cola. Aber mit Mayonnaise.«

Spätestens dann drängt sich mir schon die Frage auf, was verrückt ist.

Aber um zu wissen, was eigentlich verrückt ist, brauche ich mich dann nicht mal zu dem Spezialisten auf der Taxi-Rückbank umzudrehen. Es reicht, die Gedanken kurz in die Geschichte der Philosophie schweifen zu lassen. Ich denke da jetzt nicht an Immanuel Kant, der in seinem berühmten Kategorischen Imperativ festhielt, man solle nur so handeln, dass man wollen kann, dass alle anderen auch so handeln. Das wird ein komischer Markt, auf dem alle Händler Zitronen anbieten. »Nicht sauer sein. Der Kant sagt, das gehört so.«

Ansonsten ist Immanuel dafür bekannt, dass er gewohnheitsmäßig ein Glas Senf am Tag aß. Von einem Sponsorenvertrag zwischen ihm und dem Verband der Senfhersteller der Epoche der Aufklärung (S.E.A.) ist allerdings nichts überliefert.

Vielleicht hat Kant einfach nur verstanden, dass der Mensch von innen heraus betrachtet auch nur eine auf links gedrehte Wurst im Eigendarm ist. Da passt dann der kategorische Senf, den er sich zu allem geben musste.

Wenn es um Mondsucht und Kloppitum in der Philosophie-Geschichte geht, ist auch Schopenhauer nicht Gegenstand meiner Erwägungen, wenngleich er stets Askese und Gleichmut in Anbetracht aller weltlichen Dinge predigte, aber die zu laut im Flur tratschende Nachbarin eines Tages die Treppe runterschubste. Das halte ich für normal und verständlich, vielleicht sogar für eine verlo-

Das philosophische Quartett
Crazy G1

Empedokles
Geburt: 495 v. Chr.

Bart: Vollbart (ca. 20 cm)
Bücher: 2
Familie: Single
Ableben mit: 60
(sprang angeblich in einen Vulkan)
Google-Hits: 212.000
Weisheit: 5
Skill: Führte die Lehre der vier Elemente ein.

Das philosophische Quartett
Crazy G2

Ludwig Wittgenstein
Geburt: 1889

Bart: -
Bücher: 60
Familie: verheiratet
Ableben mit: 62
(Krebs)
Google-Hits: 1.350.000
Weisheit: 8
Skill: Verschenkte seinen Besitz.

Das philosophische Quartett
Crazy G3

Friedrich Nietzsche
Geburt: 1844

Bart: Mega-Schnäuzer (ca. 10 cm)
Anzahl der Bücher: 25
Familie: Single
Ableben mit: 55
(Syphilis)
Google-Hits: 7.530.000
Weisheit: 12
Skill: Vollkommener Größenwahn.

Das philosophische Quartett
Crazy G4

Martin Heidegger
Geburt: 1889

Bart: Schnäuzerbart (ca. 2 cm)
Bücher: 22
Familie: verheiratet, zwei Kinder
Ableben mit: 87
(Ursache unbekannt)
Google-Hits: 1.820.000
Weisheit: 2
Skill: Er lebte nicht nur, er heideggerte.

rengegangene Form der Tugend. Heißt es nicht schon in der Bibel: »Du sollst nicht begehren deines nächsten Weib, aber wenn sie dich hart nervt, schubs die Olle ruhig die Treppe runter!«

Alles nicht verrückt genug.

Wenn es um die Crazyness geht, denke ich lieber an Empedokles, einen feschen Bewohner der Antike. Er lebte in Akragas in Südsizilien und hielt sich für einen Gott. Da war er nicht der erste und letzte Italiener, der so dachte; derartige Ideen reichten mehr als einmal sogar für höchste Staatsämter.

Empedokles stellte sich eben gerne mal vor das Volk, breitete verkündigend die Arme und sprach Dinge wie das folgende Zitat:

»Heil euch! Ich gehe unter euch umher als ein unsterblicher Gott, kein Sterblicher jetzt, geehrt unter allen, wie es angemessen ist, gekrönt mit Stirnbinden und Blumenkränzen.«

Das ist übrigens keine italienische Spezialität, was dieser antike John-Lennon-Verschnitt mit Stirnband und Blümchen da so von sich gab. Nicht, dass wir uns da falsch verstehen. Solche Kunden habe ich mehrmals täglich im Fahrzeug. Dieser Teil ist also wohl noch einigermaßen normal.

Auch die Tatsache, dass Empedokles seinen Anhängern wiederholt sagte, er wolle lieber sterben als Bohnen zu essen, kann ich noch nachvollziehen. Nach meinen Besuchen in einschlägigen mexikanischen Restaurants habe ich schon so manchen Fahrgast in Todesnähe gebracht. Teufelszeug, diese Hülsenfrüchte.

Apropos Vulkan: Immer wieder kamen damals Zweifler zu Empedokles, die offensichtlich völlig neben der Fahrrille waren und sogar seine Göttlichkeit in Frage stellten. Auf solche Experten hatte er allerdings nur gewartet. Eines Tages führte er sie, begleitet von seinen Fans, hinauf auf den Ätna, der schon damals ein ziemlich mies gelaunter feuerspeiender Riesenberg war. Empedokles schritt im Kreise seiner Anhänger und Zweifler bis an den Kraterrand, lächelte noch einmal vielsagend und sagte:

»Ich bin gleich wieder da, geht schon mal auf die Knie, ihr Ungläubigen.«

Dann sprang er in den Vulkan.

True story.

Der Rest der Geschichte ist ja bekannt: Empedokles kam natürlich sofort wieder aus der glühenden Lava hochgeflogen, im Gefolge eine Armee aus Engeln, Dämonen und Ringgeistern. Mit denen herrscht er bis heute über den gesamten Planeten und verlacht all jene, die es wagen, Bohnen zu essen.

Und erst recht jene, die in mein Taxi steigen, nachdem ich Bohnen gegessen habe.

Aber was will man machen? Ich bin eben ein Ungläubiger und Bohnenfresser, so verrückt das auch erscheinen mag. Wer das nicht glaubt, darf gerne in einen Vulkan seiner Wahl springen. Aber wehe, das qualmt wieder so.

Wer Philosophie studiert hat, der weiß, wie es sich anfühlt, vom Rest der Menschheit für verrückt gehalten und gerne auch mal ausgelacht zu werden. Das hat übrigens schon Thales erfahren müssen, der als der erste westliche Philosoph überhaupt gilt. Er war eine Art Universalgenie, wobei es damals auch noch nicht so schwierig war, alles zu wissen, was es so zu wissen gab. Die gesamte Menschheit hatte ja noch nicht so viel nachgedacht und war generell eher unterwegs wie ein Zyklop mit Augenklappe.

Thales aber sah sich um und stellte unter anderem fest, dass über uns des Nachts die Sterne prangen und dass sich die Gestirne in bestimmten Bahnen bewegen.

Guter Typ!

Eines Abends aber fiel er bei der Beobachtung der Himmelskuppel in den Brunnen und wurde von einer thrakischen Magd verlacht. Das muss dann wohl als Geburtsstunde der Philosophie gelten. Aber wer hätte gedacht, dass Hans Guck-in-die-Luft ihr Vater ist?

Nun ja – immerhin ist das schon lange her. Wäre dieser Brunnensturz erst letzte Woche passiert, hätte die Magd nicht gelacht, sondern das Ganze mit dem Handy gefilmt und ins Internet gestellt. Und schon heute hätten das mehr Leute auf YouTube gesehen, als in den letzten 2500 Jahren zusammen Philosophie-Bücher gelesen haben.

Mir persönlich geben all die Irren in der Geschichte der Weisheit Hoffnung. Ich meine, der nächste, der in meinem Taxi Pommes bestellt, wird vielleicht wenig später der Gründer einer philosophischen Lehre, die uns alle in eine bessere Zukunft führt. Oder er springt in einen Vulkan.

In manchen Fällen führt das die Menschheit ebenfalls in eine bessere Zukunft. Und falls ihr jetzt sagt »Das ist genau mein Ding!«, und in den Ätna springen wollt, hier mein Tipp: Esst vorher viele Bohnen. Denn wenn man schön mit

Methangas gefüllt ist, fällt man ein bisschen langsamer und am Ende knallt es lauter.

Wenn ihr hingegen denkt »Das ist doch alles ziemlicher Wahnsinn!«, dann kann ich euch herzlich gratulieren: Ihr seid keine Philosophen.

21. Warum ist Kausalität?

Einst stieg ein Mann in mein Taxi und wollte zum Tierarzt gefahren werden, um seine Exfreundin abzuholen. Als ich losgefahren war, fragte ich ihn völlig grundlos, ob er mir sagen könnte, was Kausalität sei. Darauf entspann sich folgendes entspannte Gespräch:

Er so: »Ich habe ja auf viele Fragen Antworten parat, aber was Kausalität ist, kann ich wirklich nicht sagen.«

Ich so: »Warum?«

»Weil ich damals im Seminar über den Satz vom zureichenden Grund nicht so richtig aufgepasst habe.«

»Warum?«

»Wahrscheinlich, weil ich nicht ganz nüchtern war.«

»Warum?«

»Weil ich völlig besoffen war.«

»Warum?«

»Weil ich Dürste hatte, ganz viele Dürste! Bierdurst, Weindurst, Wodkadurst, Benzindurst, Wurstdurst.«

»Warum?«, fragte ich weiter. So langsam hatte ich mich auf die Frage eingeschossen.

»Nun, äh, kann sein, dass es so ein bisschen der Versuch

einer Ablenkung war. Ich hatte zu der Zeit ein paar Probleme.«

»Warum?«

»Äh, wie soll ich das sagen? Ich glaube, man kann das darauf reduzieren, dass meine damalige Freundin mit mir Schluss gemacht hat.«

Ich wollte das Gespräch nicht monoton werden lassen, also zögerte ich einen Moment, bevor ich ihn fragte:

»Warum?«

»Weil ich sie beim Sex mit einer Ziege erwischt habe.«

»Aha.«

»Wie bitte?«, wollte er wissen.

»Entschuldigung«, entgegnete ich, um sofort nachzuschieben:

»Warum?«

»Nun, das wird daran gelegen haben, dass ich überraschend zu früh von der Arbeit nach Hause kam. Wir wohnten damals in einem Streichelzoo.«

»Warum?«

»Das wusste ich bis zu jenem Tag auch nicht so genau. Meine Exfreundin hat gesagt, es sei wegen der günstigen Miete. Und den ruhigen Nachbarn. Das klang für mich dann erstmal glaubwürdig.«

»Warum?«

»Nun, haben Sie schon mal eine Ziege auf einem Metal-Konzert gesehen? Oder ein Kaninchen mit einem Presslufthammer? Ein Meerschwein mit einer Kalaschnikow? Wohl eher nicht. Und ich hatte es schon immer lieber ruhig.«

»Wieso?«, fragte ich und grinste ihn im Rückspiegel frech

an wie ein Erdmännchen im Kettenkarussell. Er blieb ganz ruhig und erklärte in traurigem Tonfall:

»Ich denke, das lag daran, dass ich in meiner Kindheit keinerlei Ruhe hatte.«

»Warum?«

»Ich bin auf einer Verkehrsinsel aufgewachsen.«

»Warum?«

»Die Ampel ist nicht grün geworden.«

»Warum?«

»Erst dachte ich, es habe an einer defekten Schaltung gelegen. Erst nach zwölf Jahren haben meine Eltern gemerkt, dass es sich nicht um eine Ampel handelte, sondern um ein Stoppschild. Dann konnten wir nach Hause. Endlich.«

»Warum?«

»Wir hatten Hunger. Zwölf Jahre haben wir uns von Passanten ernährt. Die sind zäh, die muss man lange grillen. Aber so ist das Leben.«

»Warum?«

»Ich denke manchmal, dass die Seltsamkeit der Welt darin begründet ist, dass sie nicht von einem allmächtigen und allwissenden Wesen erschaffen wurde, sondern von dessen pubertierendem Sohn.«

»Warum?«, fragte ich überraschenderweise.

»Weiß nicht, vielleicht als Hausaufgabe im Gott-Unterricht. Aber die Sorte Hausaufgabe, die man auf den letzten Drücker morgens im Schulbus macht.«

»Warum?«

»Ich sehe viele Flüchtigkeitsfehler: die Hälse der Giraffen, die Nasen der Elefanten, die FDP. Für diese Dinge muss es ja einen Grund geben.«

»Warum?«
»Weil alles einen Grund hat.«
Jetzt kamen wir der Sache näher, das spürte ich. Ich wusste auch schon, wie ich das Gespräch zum entscheidenden Gipfel treiben konnte. Unerwartet fragte ich:
»Warum?«
Jetzt holte der Passagier so richtig aus:
»›Nichts ist ohne Grund, warum es sei‹, lautet die Wolff'sche Fassung des Satzes vom zureichenden Grund. Jene Fassung war Schopenhauer die liebste. Es ist einfach die Art, wie wir uns die Welt denken. Was auch passiert, geschieht nicht ohne Grund. Zumindest nicht für uns. Denn unser Verstand ist darauf getrimmt, immer ›Warum?‹ zu fragen.«
»Warum?«
»Genau.«
»Warum?«
»Genau.«
»Warum?«
»Wie bitte?«
»Warum?«
»Ach so, ja. Genau.«
In diesem Augenblick waren wir beim Tierarzt angekommen.
Erst als der Mann ausstieg, bemerkte ich seine Bockshufe.

22. Was ist Leben?

Wenn man von seinem Arbeitgeber dafür bezahlt wird, das gummierte Kassenband eines Drogeriemarktes in einem hauptsächlich von tadschikischen Zuhältern bewohnten Viertel von Görlitz mit der Zunge zu reinigen, dann sagt man wahrscheinlich öfter mal solche Sachen:

»Döbb iff doff könn Löbbmm!«

Wegen der auf die Ausmaße eines mittleren Kranichs angeschwollenen Zunge versteht einen natürlich niemand, wenn man so etwas sagt. Was man eigentlich meint, ist:

»Das ist doch kein Leben!«

In solchen Momenten kommt dann wahrscheinlich grade einer der tadschikischen Zuhälter um die Ecke, inklusive Bugatti-Uhr, Armani-Mantel und willfähriger Hupfdohlen in knappen Dressen an der durchtrainierten, aber vom Pelzmantel verdeckten Seite. Die Girls passen in die Dressen, weil sie Salate stets ohne Dressing essen. Der zentralasiatische Pimp hat gehört, was man gesagt hat, und erwidert biologisch korrekt:

»Das ist sehr wohl ein Leben, junger Bursche! Natürlich ist das ein Leben! Es ist halt nur ein Scheiß-Leben.«

Dann zahlt er seinen Einkauf: einen Kaktus, einen Einwegrasierer und einen Zehn-Liter-Eimer Gleitcreme, aus dem einiges über den Rand auf das Kassenband schwappt.

Mit juckender Kranichzunge wünscht man sich eine Rückspultaste an der Evolution, damit man wieder Pantoffeltierchen sein kann, wie damals im Zeitalter der Herrschaft der Hausschuhe. Damals, als die Erde noch eine Fußbodenheizung hatte und die juvenilen Kontinente plattentektonisch munter auf Meeren glühender Liebe umhersurften. Und mit Liebe meine ich Gestein.

Schließlich sagte Schopenhauer einst, dass Architektur gefrorene Musik sei. Und ich folgere daraus: Der ursprüngliche Rohstoff von Architektur ist Gestein, der Rohstoff von Musik ist Liebe. Liebe ist also nach meiner Schopenhauer-Auslegung aufgetautes Gestein. (Wellblechhütten und Heavy Metal lasse ich jetzt mal außen vor. Aber auch das unterscheidet mich nur minimal von anderen Schopenhauer-Exegeten vor mir.)

Es ist schon spät, ich sitze seit vielen Stunden alleine im Taxi vor dem Bahnhof, es mag sein, dass meine Gedanken abdriften wie Kontinentalplatten. Eigentlich wollte ich weder über Schopenhauer noch über tadschikische Zuhälter schreiben, sondern über das Leben.

Was ist denn nun das Leben?

Was ist es denn, das ein Pony lebendig macht, einen Kieselstein hingegen nicht?

Die Liebe zum Rheinfall in Schaffhausen?

Nein, da ist alles voller Kieselsteine.

Die Sache ist nun aber, dass die Steine nicht von sich aus da sind.

In den Ponys jedoch muss irgend etwas drin sein, eine Kraft, eine mysteriöse Macht, sich von allein zu bewegen, wenn jemand einem Hafer hinhält. Der Stein bleibt völlig unverändert in der Kiesgrube liegen, da kannst du dem mit der Jahreshaferernte Iowas kommen und zum Hinhalten einen Hinhalte-Profi, sagen wir z.B. einen Politiker, bereitstellen.

Der Stein bleibt völlig unbewegt, wie die Gesichtsmuskulatur des späten Bill Murray.

Kann man das so sagen?

»Der späte Bill Murray«?

Ich glaube, das geht nicht – der lebt ja noch.

Obwohl, ganz sicher bin ich mir nicht, der bewegt sich ja in seinen Filmen schon länger nicht mehr. Ein schauspielernder Freund hat mir mal gesagt, dass sei ganz hohe Kunst, mit wie wenig dieser Bill Murray auskomme. Für mich sitzt der da einfach rum, egal was passiert. Dem kann man das linke Ei anzünden und er guckt immer noch wie ein Pokerprofi im Wartezimmer einer Matratzenfabrik.

Döbb iff doff könn Löbbmm!

Was lebt, das bewegt sich doch – und zwar nicht nur, wenn es von einer Klippe herab in ein Becken voller Hirsche geworfen wird. Es ist einer der Vorzüge einer gut funktionierenden bildlichen Vorstellungsfähigkeit, sich den völlig gleichgültig dreinblickenden Bill Murray auszumalen, wie ihm ebendies widerfährt. Während er in den Hirschen versinkt, murmelt er noch was von »Mist, Herd angelassen!« und verschwindet für immer unter röhrenden Achtendern.

Wenn ich mir den letzten Satz durchlese, vermute ich verstärkt, dass ich die Schicht mal beenden sollte, hier kommt eh kein Fahrgast mehr.

Schopenhauer kannte eine innere Quelle der Bewegung, den Willen. Das Pony will eben zum Hafer hinlaufen. Allerdings ging Schopenhauer davon aus, dass man mit ähnlichem Recht auch sagen könne, dass ein losgelassener Stein zu Boden fallen will.

Grob verkürzt ging es ihm wohl darum, dass das Pony eben auch keine Wahl hat – so wie es als Huftier aufgestellt ist, muss es bei Hunger (in einer gefahrlosen Situation) eben zum Hafer hin, mit derselben Sicherheit, wie ein Stein zum Boden hingeht, weil er eben als Kiesel in Anbetracht der Gravitation so aufgestellt ist.

Es braucht aber wohl noch ein, zwei Jahrhunderte, bis dieser Gedanke in die Menschheit eingesickert ist und akzeptiert wird, dass der Wille als irrationale Triebfeder der Vernunft klar vorgeordnet ist. Bis dahin müssen wir davon ausgehen, dass es immer noch die Vernunft in uns ist, die das Leben lenkt. Auch wenn sich in fast jedem Haushalt eine Kiste voller Gegenbeweise befindet. Wir nennen diese Kiste euphemistisch: Fernseher.

Dabei zeigt sich darin nur wie in einem Hohlspiegel, was in uns allen vor sich geht: Unsinn. Das Leben ist eben irrational. Darum hole ich mir jetzt grundlos ein Eis.

Döss iff döss Löbbmm.

23. Woran erkenne ich Arbeit und wie umgehe ich sie unauffällig?

Die Wege der Arbeit sind mannigfaltig und mächtig mysteriös. Das habe ich schon vor langer Zeit, während des Studiums gelernt. Ein Studienkollege namens Joe hatte damals sein Studium bereits nach wenigen Semestern abgebrochen, um mehr Zeit zu haben, nichts zu tun. Da muss man erst mal drauf kommen, als Philosophie-Student. Man erzählt sich ja seit Urzeiten den Witz:

»Warum stellen sich Philosophie-Studenten den Wecker auf halb acht?«

»Weil um acht die Läden zumachen.«

Aha.

Haha.

Das ist natürlich völliger Blödsinn – kein Philosophie-Student hat einen Wecker. Wenn ich während meines Studiums einkaufen gehen wollte, bin ich deshalb nicht früh aufgestanden, sondern sehr, sehr spät zu Bett gegangen. Denn während viele ein Problem mit dem Einschlafen hatten, war das bei mir gradewegs umgekehrt. Einschlafen konnte ich sehr gut.

Das philosophische Quartett
Streber   H1

Aristoteles
Geburt: 384 v. Chr.

Bart: Vollbart (ca. 5 cm)
Bücher: 47
Familie: Frau und zwei Kinder
Ableben mit: 62
(starb nach Auswanderung)
Google-Hits: 7.130.000
Weisheit: 12
Skill: Studierte über 40 Semester.

Das philosophische Quartett
Streber   H2

Georg Wilhelm Friedrich Hegel
Geburt: 1770

Bart: -
Bücher: 28
Familie: verheiratet, vier Kinder
(teils unehelich)
Ableben mit: 61
(Cholera)
Google-Hits: 597.000
Weisheit: 1
Skill: Hatte schöne Augen.

Das philosophische Quartett
Streber   H3

Immanuel Kant
Geburt: 1724

Bart: -
Anzahl der Bücher: 71
Familie: Single
Ableben mit: 80
(unbekannte Ursache)
Google-Hits: 3.620.000
Weisheit: 11
Skill: Gab zu allem seinen Senf.

Das philosophische Quartett
Streber   H4

Edmund Husserl
Geburt: 1859

Bart: Van-Dyke-Bart (ca. 15 cm)
Bücher: 42
Familie: verheiratet
Ableben mit: 79
(unbekannte Ursache)
Google-Hits: 854.000
Weisheit: 7
Skill: Phänomenaler Denker.

Zählt keine Schäfchen! Schäfchen sind auch nur Wolken mit Beinen!

Wenn ihr schlafen wollt, zählt mich!

Echt jetzt.

Eins.

Fertig.

Gute Nacht.

Was hingegen das Aufstehen betrifft – das war nicht ganz so einfach. Morgens wirkte ich immer wie ein italienischer Fußballspieler nach einer Schwalbe im Sechzehner oder wie eine Schneeflocke auf der Überholspur. Ich blieb einfach liegen und hoffte das Beste. Das war aber nicht nur, weil ich arbeitsscheuer war als ein unausgeschlafenes Faultier auf Valium im Wasserbett. Es gab auch noch einen anderen Grund.

Ich hatte Angst.

So eine schlimme, tiefsitzende, innere Angst.

Vor dem Burnout-Syndrom.

Davon hatte ich gelesen, seitdem war das hinter mir her.

Also bin ich aus gesundheitlichen Gründen morgens lieber liegengeblieben. Präventiv, wenn man so will. Man muss ja auch keine unnötigen Risiken eingehen.

Einmal habe ich aber doch was gemacht. Es ging um den eben erwähnten Kollegen Joe, der sein Studium abgebrochen hatte und in der Folge in einer eheähnlichen Dreiecksbeziehung mit einem Pizzakarton und einem Tetrapack Eistee lebte. Ein Wahnsinn, wie faul der war. Wenn der gekonnt hätte, wäre der mit dem Taxi zum Kühlschrank gefahren. Und mit einem Treppenlift vom Sofa ins Taxi. Statt zu duschen, hat Joe einfach sehr heftig geschwitzt.

»Ist ja auch irgendwie Wasser«, hat er dann blubbernd gesagt.

Irgendwann wurde es mir dann zu bunt. Ich steckte mir einen Deoroller in jedes Nasenloch und besuchte Joe zu Hause. Er saß auf dem Sofa und zählte grade die Punkte des Musters auf seiner Tapete.

»Da sind doch gar keine Punkte«, stellte ich mit einem Blick fest.

»Das ist es ja, was mir gefällt«, entgegnete er.

Ich nickte und zog einen Geldschein aus der Tasche. Damit war mir seine Aufmerksamkeit sicher, denn ich hatte meinen Besuch am Ende des Monats angesetzt und die Pizza-Kasse war leer. Langsam legte ich die zehn Euro auf den Tisch, wobei der Schein leider einen kleinen Eistee-Fleck bekam. Das war allerdings noch das geringste Übel auf diesem Tisch, der eher ein sehr großer, randloser Mülleimer auf Stelzen war.

»Dein Lohn«, sagte ich.

Erstaunlich schnell packte Joe das Geld trotz des Flecks in seine Tasche und fragte erst dann, wofür er denn Lohn bekomme.

»Fürs Rumhängen. Ich hab ein Kollektiv von freischaffenden Nichtsschaffenden gegründet. Und dich habe ich auserkoren, dabeizusein. Ab sofort ist Nichtstun deine Arbeit.«

Joe sah mich aus gläsernen Augen an, in denen sich die Trümmer der Welt zu spiegeln schienen, die grade auf ihn einstürzten: Nichtstun war Arbeit?

Joe saß stumm da und in seinem Gesicht konnte man sehen, dass sein Gehirn zu verzweifeln schien wie ein Katzenklo im Tigerkäfig. Dann stand er plötzlich auf und verließ wortlos die Wohnung.

Fast ein Jahr lang hörte ich nichts mehr von ihm, und ich befürchtete schon, er habe sich in einen logischen Fehler verwandelt und sich selbst aufgelöst.

Aber eines Tages klingelte es an meiner Tür, und weil ich meinen Mitbewohner nicht überreden konnte, sie zu öffnen, fuhr ich mit dem Treppenlift selbst hin. Als ich die Wohnungstür öffnete, standen da zwei Herren in schwarzen bodenlangen Mänteln und Sonnenbrillen.

»Guten Tag, die Herren. Also entweder seid ihr die auffälligsten Geheimagenten der Welt oder ihr seid Exhibitionisten mit Augenrändern«, sagte ich freundlich.

Die beiden lächelten – und zwar ohne die Mundwinkel zu heben oder anderweitig die Miene zu verziehen. Wie das gegangen sein soll, ist mir bis heute ein Rätsel. Ebenso wie das, was als Nächstes passierte.

Einer der beiden dunklen Hünen zog zehn Euro aus der Tasche und sofort erkannte ich den Geldschein am Eistee-Fleck.

»Der Chef lässt Sie freundlich grüßen und möchte Ihnen den Schein dankend zurückgeben.«

»Der Chef? Welcher Chef? Joe?«

Der Hüne nickte.

»Wobei ihn kaum jemand Joe nennt. Herr Ackermann mag es lieber, mit vollem Namen angesprochen zu werden.«

Es fiel mir wie Schuppen vom Fisch: Josef Ackermann.

Was hatte ich getan?!?

Die beiden freundlichen Exhibitionisten nickten noch

einmal und lösten sich dann in einer Rauchwolke auf. Ich sah den Geldschein in meiner Hand lange an. Dann kaufte ich davon Eistee und Pizza.

24. Was ist der Sinn des Lebens?

Es ist eine allgemein bekannte Tatsache, dass der Mensch sich instinktiv mehr Gedanken über den Sinn mancher Tasten auf der Fernbedienung macht als über den Sinn des eigenen Lebens – um seinen eigenen Sinn. Diese gedankliche Demut ehrt den Menschen und zeigt zugleich, dass wir klammheimlich allesamt die Fernbedienung als überlegene Spezies akzeptieren.

An der Frage nach dem Sinn des Lebens knuspern die feinen Herren und Damen der Philosophenzunft nun schon eine ganze Weile herum, zumal man ja früher viel Zeit für derlei Freizeitgestaltung hatte – der Fernseher war noch nicht erfunden, geschweige denn die Fernbedienung. Eine Antwort, von der jetzt jeder sagen würde: »Yo, das isses!«, wurde jedoch nicht gefunden.

Man darf auch nicht vergessen, dass damals das Leben noch einfacher war, das kann man schon an der Sprache ablesen. Es gab ja Zeiten, in denen das Ackern noch auf dem Acker stattfand, beim Sonnenaufgang die Sonne aufging und der Philosoph noch die Weisheit liebte.

Heute ist das Leben komplexer geworden – man ackert

im Büro, morgens dreht sich der entsprechende Erdteil in den Lichtkegel des Zentralgestirns – und der Philosoph liebt seine Professur inklusive Beamtenstatus. Die Frage nach dem Sinn des Lebens umschleicht er allenfalls auf leisen Fußnoten.

Mich trieb die Frage trotzdem um.

Einmal ist ein Mann in mein Taxi gestiegen, der sehr, sehr klug aussah. Da hab ich mich zu ihm gedreht und ihn höflich gefragt, was der Sinn des Lebens ist.

»Weiß ich, sag ich aber nicht«, wäre eine lustige Antwort gewesen.

Oder: »Der Sinn des Lebens ist es, zum Bahnhof zu fahren.«

Doch der klug aussehende Mann sagte nichts dergleichen. Er entgegnete wie aus der Panzerfaust geschossen:

»Äh, ähm, hm, äh. Keine Ahnung. Äh. Mmmh. Ähhm. Nun ja. Kann ich so nicht sagen. Äh.«

Dann zögerte er eine Weile, sah aus dem Fenster, sah auf seine Hände und fuhr dann fort:

»Ja, mmh, also, äh, nun ja, der Sinn des Lebens? Nun, mmmh, wie soll ich, äh, oder soll ich überhaupt? Äh, ich meine, vielleicht, äh … Sex? Oder so? Äh …«

Vielleicht war er doch nicht wirklich klug. Aber so schnell wollte ich nicht aufgeben. Ich versuchte es mit einem psychologischen Trick.

»Antworten Sie schnell: Was haben Sie gestern gefrühstückt?«

»Gedünsteter Kohlrabi.«

»Schnell: Was ist drei plus acht?«

»Elf.«

»Schneller: Welche Farbe hat der Himmel?«
»Blau.«
»Was ist die Farbe von Milch?«
»Weiß.«
»Was ist der Sinn des Lebens?«
»Sex.«

In dem Moment wurde mir zwar nicht der Sinn des Lebens klar, aber ich erkannte mit Schrecken, dass ich mir ein sexuelles Genie ins Taxi geladen hatte.

Der Typ war ein erogener Guru!
Ein brünftiger Weiser aus dem Pornoland!
Ein Sexperte!
Vielleicht habe ich mich da aber auch reingesteigert.
Es entstand eine kurze Stille. Ich dachte darüber nach, ob ich vielleicht einfach aufgeben und die Hose ausziehen sollte, als der kluge rattendolle Fachmann auf der Rückbank plötzlich die Stille durchbrach:
»Zum Bordell in der Schubertstraße, bitte.«

Ich lieferte ihn ab und fuhr davon, ohne ihm etwas zu berechnen. Ich war froh, dass dieser Elch an mir vorübergegangen war. Auch wenn ich der Antwort auf meine Frage keinen Meter näher gekommen war.

Wenn es stimmen sollte, dass das Leben irrational ist und quasi zwangsläufig auf Unsinn hinausläuft, dann bleibt mir eine gute Frage: Wie kann es in einem grundsätzlich irrationalen System überhaupt so etwas wie Zwangsläufigkeit geben? Die Frage verstehe ich allerdings selbst nicht, von daher ergibt sie vielleicht kaum mehr Sinn als ein Eichhörnchen mit Höhenangst.

Das wiederum könnte wohl auch das Problem beim Leben sein. Ein kluger Mann hat mal gesagt, »Ich hoffe, das Leben ist kein Witz, dann hätte ich ihn nämlich nicht verstanden.«

Mir scheint die Frage nach dem Sinn des Lebens ein Kategorienfehler zu sein. Das bedeutet, dass man die Frage so eigentlich gar nicht stellen darf. Es ist ein bisschen, wie einen Turnschuh nach der Uhrzeit zu fragen oder ein Kamel im Weltraum nach dem Weg zur U-Bahn-Haltestelle Schönleinstraße. Mehr als »Ich glaube, da vorne links« wird man nicht zu hören bekommen. Auch vom Kamel nicht.

Denn Sinn ergibt z.B. eine bestimmte Maßnahme in Anbetracht einer bestimmten Situation. Es ergibt Sinn, eine Banane zu essen, wenn man Hunger hat. Dann ist durch die Handlung »Banane essen« der Zweck »Hunger stillen« erreicht und damit ergab die Aktion Sinn. Es lassen sich auch andere Verwendungsweisen von »Sinn ergeben« finden, die man auf solche einfachen Beispiele runterbrechen kann, ich will da niemanden mit Einzelheiten langweilen, das kann man sich mit ein bisschen Aufwand selbst denken – eine weitere Analyse durch mich ergäbe keinen Sinn.

Da ist also eine bestimmte Menge von Sachlagen, in denen man die Sinnfrage sinnvoll stellen kann. Auf andere Sachlagen passt das wiederum nicht. Wenn ein Mensch auf einer Bananenschale ausrutscht, dann kann man nicht fragen, ob das Sinn ergibt, denn es ist (um im obigen Beispiel zu bleiben) eben keine Maßnahme in Anbetracht einer bestimmten Situation. Der legt sich einfach lang, mault sich, bricht den Limbo-Weltrekord oder fliegt halt einfach auf die Fresse – weder sinnlos noch sinnvoll.

So ist das mit dem Leben eben auch – nur dass wir zwischen dem Stolpern und dem Aufschlag etwa 75 Jahre zur freien Gestaltung haben. Und wenn uns dazu nichts Sinnvolles einfällt, kann die Menschheit sich ja immer noch zusammentun und ein Kamel in den Weltraum schießen. Oder einen Philosophen fragen, was der Sinn des Ganzen ist. Er wird antworten »Das kommt darauf an, wie Sie Sinn definieren.«

25. Was ist schön? Jetzt außer Natalie Portman ...

Wenn sich Philosophie-Studenten über die Frage unterhalten, was eigentlich Schönheit sei, kann man das Substrat des Gesprächs auf die Leitthese reduzieren, dass Hannah Arendt schönere Brüste hatte als Simone de Beauvoir.

Das ist natürlich Quatsch und eine herablassende Aussage über zentrale Figuren der Emanzipation, die man nicht gutheißen kann. Aber, aber, denken da der fuchsige Leser und die wolfige Leserin – was wären denn bitteschön herablassende Aussagen über zentrale Figuren der Emanzipation, die man gutheißen kann?

Keine Ahnung, vielleicht diese hier: Alice Schwarzer ist kein Mensch, sondern ein sprechender Plastikstuhl aus den 70ern, über den jemand eine Perücke gehängt hat.

Okay, okay! Stopp! Das ist doch kein schöner Anfang für einen Text über die Schönheit.

Ich lege den Stift hin, stehe auf und setze neu an, bzw. ich setze mich hin und lege neu an. Da stehe ich drauf.

Vor vielen Jahren habe ich mehr oder minder zufällig und

minder oder mehr bekifft gemeinsam mit zwei Freunden eine Dokumentation über Affen auf einer Südsee-Insel gesehen. Die Dokumentation endet mit einem langen Kameraschwenk über eine Horde Affen, die am Rande des Urwalds am Strand im Sand saßen und gemeinsam Nüsse aßen.

»Im Grunde tun diese Affen dasselbe wie wir«, sagte ich langsam.

»Stimmt doch gar nicht«, entgegnete mein Kumpel Joe und aß ein paar Nüsse.

Es folgte ein noch längerer und langsamerer Kameraschwenk weg vom Urwald, vor dem die Affen saßen, hin zum Meer. Der Blick der Kamera glitt eine Landzunge aus einigen Felsen entlang. An deren Ende, umgeben von Gischt, hockte auf einem der Felsen ein Affe, von dem man nur den bereits etwas ergrauten Rücken sah. Der alte Affe aß keine Nüsse, sondern schaute von seinem Felsen aus über die Wellen hinweg auf den Sonnenuntergang.

Diese kühne Mischung aus King Kong und Caspar David Friedrich hat mir eindrücklich drei Erkenntnisse vermittelt:

1. Romantik ist etwas für Affen.
2. Menschen sind Affen.
3. Mmmh, Nüsse! Lecker, lecker.

Irgendwann war die Doku dann vorbei, die Nüsse geknuspert und unsere rauchigen Pfade führten uns in einen Supermarkt, der Nachschub versprach. So einfach wie das Pflücken einer Nuss von einem Strauch im Urwald war das jedoch nicht. Ganz im Gegenteil!

Wer schon einmal bekifft vor einem vollgepackten Süßigkeiten-Regal stand, der hat erfahren, dass Entscheidungsfindungsschwierigkeiten nicht nur ein echt langes Wort ist.

Gummibärchen, Schokoriegel, -tafeln, -kugeln und -pralinen in allen Variationen, Cashew, Macadamia, Erdnüsse, Tacos, Lakritzschnecken, Katzenpfötchen, Chips, Flips, Dips, Drops und Schnickschnack. Und das sind nur die Sachen, an dich ich mich erinnere – erstaunlich genug, dass ich überhaupt noch was weiß, wenn man bedenkt, dass wir zu der Zeit Amsterdam bis auf den Grund der Grachten leergeraucht hatten.

Nach etwa einer Stunde wandte ich mich an meine Kollegen, die ähnlich ratlos vor dem im Zucker manifestierten Überfluss standen. Auch ihre Stirne hatten mehr Runzeln als Rapunzel Spliss.

Einer musste hier mal eine Richtung vorgeben, und so wie es aussah, würde das an mir hängenbleiben. Ich sammelte also meine Kraft, konzentrierte sie auf meinen Mund und sagte:

»›Entscheidungsfindungsschwierigkeit‹ ist eventuell ein echt langes Wort, aber ganz sicher bin ich mir da nicht. Oder doch?«

So war das damals.

Wenn man mich heute fragt, was ich denn aus dieser Phase meines Lebens mitgenommen habe, dann sage ich: Karies und die Erkenntnis, dass die Schönheit der Dinge eine Hilfe ist beim Versuch, eine Entscheidung zu treffen. Ein schöner Mensch ist ein guter potenzieller Partner, schöne Früchte sind gutes potenzielles Essen und schöner Mist ist das, was rauskommt, wenn man sich falsch entschieden hat.

Auf einen Sonnenuntergang lässt sich das nicht so richtig anwenden. Wie uns der Affe auf dem Felsen zuraunen will, muss sich da vor langer Zeit etwas in unserem Blick geändert haben. Wir können Dinge schön finden, die keinen unmittelbaren Nutzen für uns haben. Sonnenuntergänge, Musik, Tannenbäume, Hamster, Alice Schwarzer und das Leben.

Und wisst ihr, was das ist?

Schön.

26. Wo finde ich die Wirklichkeit?

Vor ein paar Tagen ist eine junge Frau mit wildem Haar in mein Taxi gestiegen und hat erst einmal gar nichts gesagt. Ich sah sie im Rückspiegel an, dann drehte ich mich um und blickte ihr fragend in die geweiteten Augen.

Sie wirkte verunsichert und kratzte sich am Oberarm. Doch plötzlich verhärtete sich ihr Blick und sie fauchte mich an:

»Was starrst du so? Habe ich Kacke im Gesicht oder watt, du Spaten?«

In dem Augenblick stellte ich zwei Dinge fest: Erstens kam sie offensichtlich aus dem Ruhrpott, das erkannte man gleich an ihrer herzlichen Art, deren Form und Inhalt keinen Zweifel daran ließen, dass sie mich wesentlich lieber bei Vollmond unter einer siebenstämmigen Eiche ausgeweidet hätte, als dieses Gespräch mit mir zu führen. So sprechen wir aber mit jedem, selbst bei Großmutters Kaffeekränzchen heißt es freundlich:

»Reich mir den Marmorkuchen, du eiterspuckende Arschgeburt, sonst reiß ich dir mit dem Tortenheber ein zweites Kackloch. Aber dalli.«

Na gut, das war jetzt vielleicht ein bisschen dick aufgetragen, aber so ist das hier halt.

Zweitens sah ich jedoch, dass die junge Frau tatsächlich etwas Braunes im Gesicht hatte. Ich verkniff mir die Bemerkung, hoffte auf Nutella und sagte in ruhigem Tonfall:

»Sie befinden sich in einem Taxi.«

Die junge Frau zögerte keinen Moment mit ihrer Antwort:

»Taxen!«

»Wie bitte?«

»Taxen! Der Plural von Taxi lautet Taxen!«

Langsam hatte ich die Taxen dicke! »Taxen« ist der Plural von »Taxe«, wollte ich sie zurechtweisen, aber bedachte im letzten Moment, dass kein Mensch Besserwisser mag. Ich bemühte mich also um Konstruktivität.

»Die Frage ist«, sagte ich mit Nachdruck, »wo Sie hinwollen.«

Und wieder schoss sie schneller zurück als eine Zombiehand aus dem Friedhofsboden:

»Einmal in die Wirklichkeit, bitte.«

Jetzt hatte sie mich.

Das würde kein einfacher Abend werden.

»Geht es noch etwas genauer?«

»Noch genauer als die Wirklichkeit?«, fragte sie.

»Ja.«

»Du bist wohl ein bisschen verrückt, Herr Fahrer! Du hast wohl nicht mehr alle Taxen im Schrank!«

»Wenn Sie mir nicht sagen, wo in der Wirklichkeit Sie hinwollen, dann kann ich Sie auch nicht hinbringen.«

Sie sah aus dem Fenster.

Das philosophische Quartett
Inselaffen 11

Thomas Hobbes
Geburt: 1588

Bart: Schnäuzer- & Ziegenbart (ca. 2 cm)
Bücher: 13
Familie: Single
Ableben mit: 91
(Ursache unbekannt)
Google-Hits: 2.670.000
Weisheit: 8
Skill: War in Vollmondnächten des Menschen Wolf.

Das philosophische Quartett
Inselaffen 12

John Locke
Geburt: 1632

Bart: - (gelockt)
Bücher: 10
Familie: Single
Ableben mit: 72
(im Arbeitszimmer tot umgefallen)
Google-Hits: 19.300.000
Weisheit: 9
Skill: Vordenker aller Revoluzzer.

Das philosophische Quartett
Inselaffen 13

David Hume
Geburt: 1711

Bart: -
Anzahl der Bücher: 11
Familie: Single
Ableben mit: 65
(chronischer Durchfall)
Google-Hits: 10.100.000
Weisheit: 10
Skill: Hatte in Metaphysik gefehlt.

Das philosophische Quartett
Inselaffen 14

Bertrand Russell
Geburt: 1872

Bart: -
Bücher: 70
Familie: vier Frauen, vier Kinder
Ableben mit: 98
(jugendlicher Leichtsinn)
Google-Hits: 6.470.000
Weisheit: 9
Skill: Literatur-Nobelpreis.

»Ich möchte bitte zu einem Taxistand«, sagte sie gedankenverloren.

Jetzt war es an mir, ohne Verzögerung zu reagieren:

»Brumm, brumm«, sagte ich und fügte dann hinzu: »Da sind wir. Macht zehn Euro.«

Die Wilde zahlte, ohne zu murren, und bedankte sich höflich für die schnelle Fahrt. Und ich war wieder um eine Erfahrung und zehn Euro reicher.

Mit der Wirklichkeit ist es nämlich so eine Sache. Jeder hat ja seine eigene Realität, das liegt an der Tatsache, dass wir die Welt nur aus unserem Blickwinkel kennen und nur indirekt auf die Erfahrung anderer zurückgreifen können. Jeder hat sein eigenes Grün.

Kann ja sein, dass mein Grün so aussieht, wie dir deine Zuckerwatte schmeckt. Wer kann das schon sagen. Niemand. Denn der direkte Zugang zur Welt bleibt immer persönlich.

Natürlich gibt es eine Schnittmenge, wir lernen aus der Erfahrung, dass die Dinge um uns rum Namen haben, auf die wir uns verständigen können. Und auch die Dinge untenrum. Wir heften unsere Bezeichnungen an die Sinneswahrnehmungen und hoffen, dass die anderen uns verstehen, wenn wir sagen, dass wir gerne ein Stück Käsekuchen wollen.

»Käsekuchen« ist ja auch noch ein recht einfaches Beispiel. Bei Bezeichnungen wie »Musik« gehen die Meinungen, was darunter zu verstehen sei, sehr schnell auseinander. Und das nicht nur, wenn es um DiskoPanzer geht!

John Cage zum Beispiel hat ein Stück komponiert, das

einige Jahrhunderte lang dauert und bei dem die einzelnen Töne jeweils jahrelang gehalten werden. Das Stück wird derzeit in einer kleinen Kirche irgendwo in Ostdeutschland aufgeführt und dauert noch bis ins Jahr 2364 oder so. Das ist für mich z.B. keine Musik, sondern ein Knäckebrot mit Leberwurst. Dafür höre ich gelegentlich gerne Freejazz, von dem meine Kollegen sagen, er höre sich an wie eine gebärende Sumpfkuh, die unfreiwillig durch ein Walzenlager gezogen wird. Dem stimme ich übrigens zu, aber mir gefällt das eben.

So ist das mit der Wirklichkeit: Es gibt da draußen wohl irgendetwas, aber was genau das ist, das sieht jeder von uns anders. Da kann man lange den Zollstock dranhalten und die Dinge vermessen und bestimmen – wenn die anderen nicht mitspielen, dann bleibt auch der brillanteste Wissenschaftler in seiner eigenen Welt stecken und keiner versteht ihn. Nimm das, Kehlmann! Die Realität ist eben eine Vereinbarung.

Jetzt werden sicher ein paar Leute empört sein und sagen: Aber es muss doch etwas da draußen geben, auf dem sich unser aller Erfahrungen gründen – wie sonst sollten sich die vielen Schnittmengen erklären? Wenn wir beide den Kuchen sehen, aufteilen und sogar schmecken können, dann muss es doch da vor uns irgendwie einen Käsekuchen an sich geben, der noch wirklicher ist als unsere persönlich wahrgenommene Wirklichkeit.

Das würde ich auch vermuten – aber wissen oder gar beweisen kann man es nicht. Selbst wenn wir mit einem Apparat ein Bild vom Kuchen machen oder ihn mit einem Laser vermessen oder auf eine Waage legen – was wir dadurch über den Kuchen lernen, findet komplett in unserer Wahrnehmung statt.

Was hier eigentlich los ist, weiß beunruhigenderweise keiner.

Das ist auch so lange unproblematisch, wie man noch bemerkt, dass man in einem Taxi ist.

Oder in einem Buch.

Wohin wolltet ihr eigentlich?

27. Und was ist dieses »Ich«, von dem die Leute immer reden?

In meinem Taxi werden die Dinge häufiger hinterfragt als in mancher säulenumrundeten antiken Philosophenschule.
»Wieso darf ich auf der Rücksitzbank nicht rauchen?«
»Wieso kostet eine Fahrt von Bochum bis zum Frankfurter Flughafen mehr als drei Euro?«
»Wieso darf ich die Rücksitzbank nicht rauchen?«
Und so weiter, da unterscheiden sich manche Fahrgäste nicht groß von Vierjährigen. Immer »Wieso?« fragen und dann auch noch rauchen wollen.
Es gibt aber auch Fragen, die seltener gestellt werden als Funkuhren. Zum Beispiel gehört es zu den wenig hinterfragten Sachen im Leben, dass man *man* selbst ist. Das klingt auch schon verdächtig nach Unsinn: Man man.
Sicher, gelegentlich sieht man einen erfolgreichen Musiker, der nebenher blendend aussieht und Geld macht wie Bernhardiner Speichel. Wenn er dann auch noch eine hochintelligente Sportskanone ist, dann kann man sich eventuell schon mal fragen:
»Warum bin ich eigentlich ich und nicht Bushido?«

Also nur als Beispiel jetzt.

Wobei ich nicht glaube, dass andersherum Bushido meine Rolle als Taxifahrer so gut spielen würde:

»Einmal zum Bahnhof, bitte.«

»Schwule Opfer-Scheiße, ich fick deine Mutter kaputt, Berlin, Berlin, Berlin, du Pisser! Motherfucker!«

Das kommt eventuell nur so mittelgut an.

Falls ihr nie darüber nachdenkt, mal jemand anderes zu sein, dann kennt ihr doch gewiss das Gefühl, wenn ihr jemanden eine mit Scherben gespickte Wendeltreppe hinabfallen seht, an deren unteren Ende ein brennender Grizzlybär sitzt. Dann denkt ihr: Auch wenn mein Handy-Akku gerade leer ist und ich das nicht filmen kann – es ist schon okay, dass ich *ich* bin und nicht der Typ.

Ich, ich.

Man, man.

Leider zielen beide Beispiele am Eigentlichen vorbei, sowohl Bushido als auch der Treppendepp. Denn die Überlegung war ja jeweils, in deren Haut zu stecken. In den Beispielen ging es also eher darum, als man selbst die äußeren Umstände der anderen Person zu erleben, als wirklich die andere Person zu sein.

Um Verwirrung zu vermeiden: Mit äußeren Umständen meine ich auch den Körper.

Kritiker mögen jetzt einwenden, dass Körper und Geist eine untrennbare Einheit sind. Die Antwort darauf ist ganz einfach: Kritiker mit einem aus dem Mittelalter geliehenen beidhändigen Morgenstern schwungvoll umhauen, dann sind sie ruhig und widerlegt. Denn ihr Körper ist noch da, aber der Geist nicht.

HAH!
Entschuldigung, kann sein, dass da grade ein bisschen der mittelalberne Bushido in mir stark geworden ist.

Wenn ich also jetzt über das »Ich« nachdenke, dann meine ich damit jedenfalls nicht den Körper, sondern irgend etwas drinnen, etwas im Denken, im Fühlen. Wo genau, weiß ich nicht.

Ich bin ja auch kein Philosoph, sondern Taxifahrer – ich weiß, wo die Lessingstr. 216 ist, das ist doch auch schon mal was.

Irgendwo in unserem Denken gibt es etwas, das unsere Gedanken zusammenhält. Ein verbindendes Element, das aus unseren einzelnen Erfahrungen die Erlebnisse einer Person macht. Das »Ich«, das wir meinen, wenn wir sagen: »Ich bin heute gut drauf.«

Während man durchaus auch selbst einmal die Treppe hinab auf einen brennenden Bären fallen kann, ist es nicht möglich, das als jemand anderer zu erleben. Der Witz daran ist nämlich, dass ich dafür die sämtlichen Erfahrungen und die gesammelte Prägung des anderen haben müsste, aber natürlich keinerlei Ahnung von meinem jetzigen Ich, dem Taxifahrer.

Würde ich so komplett Körper und Geist mit jemandem tauschen, dann wäre überraschenderweise alles genau wie vorher. Wir wüssten, wenn wir so vollständig alles ausgetauscht hätten, nämlich nicht einmal, dass wir grade die Rollen getauscht haben. Denn er würde sich natürlich für mich und ich mich für ihn halten, ohne in Erwägung zu ziehen, dass es andersrum richtiger wäre. Schließlich hätten wir gar keine Erinnerung mehr daran, dass wir jemals jemand anderes waren, aber dafür alle Erinnerungen des »Ichs«, das wir jetzt sind.

Es könnte also durchaus gerade eben passiert sein, dass ich, der Schreiber dieser Zeilen, du geworden bin, der Leser dieser Zeilen. Wir würden es nie bemerken und keinen Unterschied feststellen.

Ein wilder Gedanke, oder?

Gemäß der Occam'schen Regel, dass die einfachste Erklärung die plausibelste ist, besteht aber berechtigte Hoffnung, dass eher gar nichts passiert ist und ich weiterhin ich bin.

Und falls ihr dieses Kapitel verwirrend fandet, dann seid ihr vielleicht auch ganz froh, doch ihr selbst zu sein und nicht dieser bekloppte Taxifahrer, der schon wieder stundenlang vorm Bahnhof rumsteht, auf Kunden wartet und sich den Geist mürbe denkt.

Ein kluger Mann hat mal gesagt, dass die einzige Person, die man jemals sein kann, man selbst ist. Ich sage: Zum Glück hat der Mann Recht. (Und Method-Actors haben jetzt ein Problem.)

Also: Werft euch nicht eine scherbengespickte Treppe hinab, sondern geht gut mit euch um.

Auch für den Fall, dass ich plötzlich doch eure Rolle übernehmen muss.

Man weiß ja nie.

Und jetzt lösch doch mal jemand diesen blöden Grizzly da unten an der Treppe.

Das stinkt.

28. Was ist Zeit?
Und, Anschlussfrage:
Wie spät ist es?

»Solange mich keiner fragt, weiß ich es.«
(Frei nach Augustinus)

Der Kirchenvater Augustinus war ja schon ein guter Typ. Es ist davon auszugehen, dass das Eingangszitat zur Frage, was denn Zeit eigentlich sei, von der Schwierigkeit handelt, das Wesen der Zeit in Worte zu fassen. Andererseits ringt es mir schon ein Schmunzeln ab, mir vorzustellen, wie jemand in mein Taxi steigt und auf die Frage, wo er denn hinwolle, antwortet:
 »Solange mich keiner fragt, weiß ich es.«
 Mit dem Raum ist es etwas einfacher als mit der Zeit: Der Raum ist da, da kann man hübsch einen Zollstock reinhalten und dann weiß man Bescheid. Unsere Wahrnehmung ist top darauf eingerichtet, zu erkennen, wie die Dinge um uns rum den Raum füllen. Gut, wenn man ganz klein oder ganz groß oder ganz schnell wird, dann ist das nach Ein-

stein alles relativ viel schwieriger mit dem Raum, aber so fürs Grobe reichen ein, zwei Augen und schon weiß man:

Ich bin da und die Plastikbanane ist da vorne.

Arm ausstrecken, schon hat man das Teil.

Was auch immer man mit einer Plastikbanane möchte.

Solange mich keiner fragt, weiß ich es.

Die Zeit hingegen misst man ganz anders, nämlich manchmal im Kreis und manchmal längs – das veranschaulichen die klassische Uhr mit karusselligem Zeiger und das Fortschreiten der Jahreszahlen ganz gut.

Die Welt läuft eben im Loop und trotzdem vorwärts, folglich ist die Zeit eine Art Spirale, glaube ich. Sie kann auch mal schneller vergehen, dann wird die Spirale zusammengedrückt. Aber wie das mit zusammengedrückten Spiralen ist – die federn dann nach und leiern schließlich aus.

Langsam wird mir klar, was Augustinus meinte.

Die alte Senfgurke Immanuel Kant meinte ja, sowohl Zeit als auch Raum seien jeweils nur die Art unseres Denkens, die Welt zu ordnen, jetzt mal grob vereinfacht. Wie schon gesagt, so sind die Philosophen halt manchmal, das kommt davon, wenn man den ganzen Tag nachdenkt – irgendwann ist man sich sicher, dass alles, aber auch wirklich alles nur im Kopf stattfindet.

Ich bin andererseits noch keinem Schmied begegnet, der meinte, dass alles, aber auch wirklich alles im Hammer stattfindet. Aber den nächsten Schmied, den ich im Taxi habe, frage ich sofort mal.

Wenigstens eine Sache ist über die Zeit klar: Es ist objektiv richtig, dass die Wahrnehmung von Zeit sehr subjektiv ist.

Nachdem ich dem Schmied in meinem Taxi die Frage gestellt habe, ob er glaubt, dass alles im Hammer stattfindet, wird die Zeit wohl erstmal einen Moment stillstehen wie ein Pendel am höchsten Punkt. Dann wird die Zeit rasen, während er mir eine reinhaut, aussteigt und sich ein anderes Taxi sucht. Und schließlich wird die Zeit wieder so zähfließend wie Waldhonig sein, wenn ich mit blutender Nase weitere fünf Stunden auf den nächsten Fahrgast warte.

Schließlich jedoch werde ich mir ein Schmunzeln nicht verkneifen können. Denn die Antwort des Schmiedes war ja wohl ein klares »Ja!«.

Von dieser Klarheit hätte sich Augustinus noch eine Leberwurstscheibe abschneiden können, finde ich.

Wobei »Ja« andererseits auch wieder eine komische Antwort auf die Frage nach dem Wesen der Zeit wäre. Ich würde jedenfalls eher »Nein« antworten, weil ich gerade einen Fahrgast habe.

29. Was ist Denken?

»Das Bewusstsein ist das Organ zur nichtverschlingenden Einverleibung.«

(T. Kapielski)

Ich habe schon so manche schräge Geschichte erzählt. Von Käsekuchen, Schildkrötenrennen, Männern mit Hirschköpfen und dergleichen mehr war in diesem Buch die Rede.

All diese Dinge habe ich gesehen, aber das eigentlich Seltsame ist, dass sie nicht nur vor meinen Augen stattfanden, sondern sich auch mitten in meinem Kopf wiederfanden. Ich gebe zu, das ist eine von den Sachen, über die der Großteil der Menschheit niemals nachdenken würde. Aber den Philosophen (an und für sich) verwirrt das zutiefst.

Wie kommt denn bitte der Käsekuchen in meinen Kopf?
Durch die Ohren, schön mit Druck?
Durch die Augen?
Durch die Nase?
Irgendwo muss da doch der Käsekucheneingang sein!

Alle Antworten sind richtig. Der Eintritt in das Denken erfolgt natürlich durch sämtliche Sinnesorgane. Und irgendwie wird das Gedachte auch gespeichert. Unser Gehirn ist nämlich nur teilweise (zu ca. 90 %) dafür da, uns zu verwirren und uns ungefragt mit Fantasien bezüglich Wald- und Wiesentieren zu beschießen.

»Fly like an Igel«, sag ich nur.

Nebenher ist unser Gehirn ein riesiges Archiv. Und aus diesem tauchen die Sinneswahrnehmungen gelegentlich noch einmal auf und sagen:

»Hallo, ich bin der Geruch des Affengeheges im Duisburger Zoo, ich wollte nur nochmal vorbeischauen, weil das Wetter so schön ist und der Typ hinten im Taxi sich grade in die Hose gemacht hat.«

Das Interessante am Kopf ist, dass die archivierten Informationen sich im Laufe der Zeit munter verändern, vermischen und kreativ neu gestaltet werden. So kann aus der optisch nur mäßig grandiosen Freundin im Laufe einsamer Jahre die Erinnerung an eine scharfe Schnalle werden.

Aus der Begegnung mit einem Salamander und der Erinnerung an einen rosa Schmetterling entsteht dann eben durch kreative Vermischung die Vorstellung vom schwulen Drachen Detlef.

Bei manchen geht die Kreativität ganz außer Rand und Band, die stellen sich Detlef als scharfe Exfreundin vor und tätowieren sich sein Antlitz auf den Oberarm. Oder sie stellen sich unter ein paar Kondensstreifen und flüstern von der Weltverschwörung. Oder sie kommen dafür in mein Taxi und sagen es laut und deutlich zu mir:

»Die mischen da was rein, in die Kondensstreifen. Die

Regierung, die mit den Bilderbergern und den Illuminaten eine geheime Freimaurer-Templer-Schnickschnackung vorgenommen hat und jetzt meine Seele fressen will.«

Ich nicke dann immer freundlich, denn ich weiß Bescheid. In Wirklichkeit haben die Bilderberger gar nichts zu melden! Die Illuminaten arbeiten mit den Rotariern und den Reichsdeutschen in Höhlen unter der Arktis an Flugscheiben und der V2-Rakete.

True story.

Das Problem mit dem Verwechseln des Denkens und der Wirklichkeit ist übrigens auch der Trick hinter einer Geschichte aus dem Paradoxien-Kapitel – die Sache mit der Schildkröte, die schneller als Achilles und mein Philosophen-Kollege war. Spoiler Alert: Man kann die Vorstellung von der unendlichen Halbierbarkeit einer Strecke nicht so einfach auf die Realität anwenden. Die funktioniert nämlich ganz anders – und unser Denken macht eben mit oder nicht.

Es ist so eine Sache mit dem Denken und der Wirklichkeit. Man kann sich ganz gut querstellen und sich z. B. denken, es ginge im Leben darum, keinen Sex zu haben und mit einem riesigen Hut auf einem goldenen Thron zu sitzen. Das ist natürlich Quark. Aber wenn der Papst möchte, dann sei ihm der Spaß gegönnt – es ist vielleicht auch besser, wenn er sich selbsttätig aus dem Genpool streicht.

Um zu wissen, was los ist, kann man sich ganz gut an die Senfgurke Kant halten: Jede Vorstellung hebt mit der Erfahrung an.

Also: Nur Denken reicht nicht, man muss auch die Augen aufmachen.

30. Was ist Freiheit?

Apropos Augen aufmachen:

Der Unterschied zwischen einem Menschen auf dem Nebensitz im Bus und einem Affen im Zoo ist, dass der Affe nicht wegkann und der Mensch nicht weggeht.

Das ist so ein Satz, den man sehr gut zu verschiedenen Anlässen sagen kann, z. B. als Reiseführer, bei Schiffstaufen oder am Traualtar. Wobei man bei einer Hochzeit noch einen drauflegen kann, indem man die »Sachliche Romanze« von Kästner vorträgt. Die Goldmedaille verdient man jedoch nur, wenn man statt eines einfachen »Ja, ich will« ein Schopenhauer-Zitat proklamiert, z. B.:

»Man sollte Beerdigungen feiern wie Geburtstage und Hochzeiten wie Beerdigungen.«

Wenn eure Braut euch dann umgehend in ein längliches, etwa zwei Meter tiefes Erdloch schubst und hinterherspringt, dann habt ihr die Richtige gefunden.

Aber in diesem Kapitel soll es natürlich um die Freiheit gehen, nicht um die Ehe. Erstere als das Gegenteil der Letzteren zu definieren, fällt einem Mann wie mir leicht, denn ich bin Single aus Überzeugung.

Allerdings aus Überzeugung der Damenwelt.

Den Philosophen ist das aber vermutlich zu kurz gegriffen. Über das Thema »Freiheit« kriegen sie sich nämlich gerne mal in die Haare. Das Thema ist, im Gegensatz zu eher aus der Mode gekommenen Aspekten wie »Gottesbeweise« oder »Tapferkeit als Tugend«, brandaktuell.

Warum, ist schnell erklärt: Die meisten Philosophen gehen davon aus, dass es eine Moral nur dann gibt, wenn es die Freiheit gibt. Damit sind hier nicht ganz exakt die Moral der Fabel und die Freiheit des Wandervogels oder des chinesischen Dissidenten gemeint. Vielmehr geht es um die Freiheit, eine eigene Entscheidung zu treffen. Nur wenn wir uns für eine Tat entscheiden und uns theoretisch dagegen entscheiden könnten – also eine freie Wahl getroffen haben –, kann man nachher sagen, ob die entsprechende Handlung moralisch gesehen gut oder schlecht war.

Dem losgelassenen Stein, der auf einen Käfer fällt, wird niemand vorwerfen, dass er ein böser Kiesel ist, weil er den Käfer erschlagen hat. Mit dem Kind jedoch, das den Kiesel genau über dem Käfer losgelassen hat, schimpft man, denn es hätte den Stein genauso gut festhalten oder etwas moralisch weniger Bedenkliches damit machen können, z. B. die Fensterscheibe einer Großbank einwerfen.

Ohne diese Freiheit funktioniert unsere Moral nicht. Hätten wir keinerlei Kontrolle über das, was wir tun, könnte man uns genauso wenig einen Vorwurf machen wie dem Kieselstein. Wenn ich stolpere und mit dem Mund auf einen Käsekuchen falle, kann mein Diätberater nachher nicht meckern. So weit ist das leicht einzusehen und eine ziemlich klare Kiste.

Das philosophische Quartett
Sexy Singles J1

Thales von Milet
Geburt: 624 v. Chr.

Bart: Vollbart (ca. 5 cm)
Bücher: 0
Familie: überzeugter Single
Ableben mit: 78
(Hitzschlag beim Sport)
Google-Hits: 135.000
Weisheit: 10
Skill: Fiel in einen Brunnen.

Das philosophische Quartett
Sexy Singles J2

Sören Kierkegaard
Geburt: 1813

Bart: -
Bücher: 35
Familie: löste Verlobung auf, wurde Single
Ableben mit: 42
(Schlaganfall)
Google-Hits: 468.000
Weisheit: 7
Skill: Erster Existenzialist.

Das philosophische Quartett
Sexy Singles J3

Augustinus
Geburt: 354

Bart: -
Anzahl der Bücher: 12
Familie: erst Frau und Kind, dann Askese
Ableben mit: 76
(starb während einer Belagerung)
Google-Hits: 3.430.000
Weisheit: 7
Skill: Wusste, was Zeit ist, verriet es aber aus Termingründen nicht.

Das philosophische Quartett
Sexy Singles J4

Gottfried Wilhelm Leibniz
Geburt: 1646

Bart: -
Bücher: 70
Familie: Single
Ableben mit: 70
(unbekannte Ursache)
Google-Hits: 8.680.000
Weisheit: 9
Skill: Nach ihm ist ein Keks benannt.

Jetzt kommen aber die Biologen und Neurologen und sagen:

»Freunde! Wir können durch Messungen in Köpfen und Körpern beweisen, dass sich die Muskulatur im Arm regt – und das kurz bevor der Mensch den Eindruck hat, sich zu entscheiden, den Arm zu heben. Ihr entscheidet euch gar nicht wirklich, euer Unterbewusstsein steuert euch und ist eurem Bewusstsein immer einen Schritt voraus!«

Holy Kartoffelbrei!

Da musste ich mich erst einmal setzen, als ich das gehört habe, bzw. ich wollte mich setzen. Ich saß aber schon. Glaube ich.

Wir suchen ja immer nach Gründen für die Dinge. Weil wir eben so über die Welt denken: Wir ordnen die Dinge nach Ursachen und Wirkungen. Auch unser Handeln hat immer eine Ursache. Die Frage ist nun aber, ob diese Ursache frei durch uns bestimmt ist. Bei Reflexen würde jeder zugeben, dass sie unfreiwillig sind. Wenn wir unter Wasser sind, dann atmen wir eben nicht ein. Und wenn wir eine komplette Platte der »Amigos« hören, dann versuchen wir, uns die Ohren abzureißen und sie rituell zu verbrennen. Reflexe halt.

Aber was ist, wenn wir Hunger haben und vor uns ein Käsekuchen steht? Können wir uns dagegen entscheiden, diesen zu essen? Klar, können wir, werdet ihr jetzt sagen. Wir können den Käsekuchen stehenlassen, wenn wir z.B. eine Allergie haben und wissen, dass wir den Löffel abgeben, wenn wir die Kuchengabel in die Hand nehmen. Wir können uns den Kuchen auch verkneifen, wenn uns vorher jemand gedroht hat, dass wir uns eine komplette Platte der »Amigos« anhören müssen, wenn wir den Kuchen anrühren.

Wenn jedoch all diese Gründe nicht bestehen, im Gegenteil: Wenn uns sogar jemand ausdrücklich erlaubt hat, den Kuchen zu essen, und wir auch noch glauben, dieser sei gesund – können wir dann, wenn wir wirklich hungrig sind, uns freiwillig entscheiden, den Kuchen nicht zu essen?

Das wäre ziemlicher Quatsch, denn es gäbe keinen Grund, es nicht zu tun. Weder unsere Instinkte noch unsere Erfahrung noch die Umstände der Situation sprechen dagegen. Und der Diätberater ist dem Verhungernden so egal wie dem Pudel die Eurokrise.

Wir essen also den Kuchen und er schmeckt gut, saftig und fest zugleich. Kauend wird uns klar, dass die Gründe, die für oder gegen eine Handlung sprechen, immer Instinkt, Erfahrung und die Umstände der jeweiligen Situation sind.

Bis der Kuchen weggefuttert ist, könnt ihr schnell mal alle Entscheidungen eures bisherigen Lebens darauf prüfen, ob das zutrifft. Wenn aber unsere Handlungen letztlich immer darauf begründet sind, wie passt dann die Freiheit noch ins Bild? Ich will das gar nicht allzusehr vertiefen, vor allem nicht beim Essen. Aber die Philosophen bekämpfen sich wegen dieser Fragestellung seit langer Zeit und bis aufs Messer.

Natürlich haben sie nicht wirklich ein Klappmesser in der Innentasche ihrer klischeebehafteten Cordjacke. Mit »Messer« meine ich eher, dass sie sich beschimpfen – »polemisieren«, wie das bei ihnen heißt. Da fallen dann schon mal richtig schlimme Wörter wie »Sophist« oder »unlogisch«.

Bis einer weint.

Aber so sind sie halt.

Böse Zungen würden sagen, dass sie nicht anders können.

31. Epilog

Nietzsche hatte einen wirklich erstaunlichen Bart, viel mehr kann man zu diesem Mann auch nicht sagen. Das ist natürlich eine maßlose Untertreibung – der Bart war nicht nur erstaunlich, der war spektakulär. Wenn Bärte Käse wären, wäre Nietzsches Gesicht Frankreich.

Ganz manchmal hat Nietzsche aber auch gute Sachen gesagt, z. B. dass der Mensch die meiste Zeit seines Lebens damit verbringt, sich Gedanken über Probleme zu machen, die er niemals haben wird.

Guter Satz. Wobei ich mir nicht ganz sicher bin, ob ich zustimmen würde. Gelegentlich kommt es mir so vor, als ob ich mehr Leute kenne, die die meiste Zeit ihres Lebens damit verbringen, nicht über Probleme nachzudenken, die sie haben. (Offenbar kenne ich mehr Männer als Frauen.)

Andererseits müsst ihr nicht traurig sein, wenn euch das jetzt zu schnell ging. Denn im Grunde wissen wir alle, dass der Satz, zeitgemäß angewandt, heißen müsste: Die meisten Menschen haben irre viele Probleme, aber gar keine Zeit dafür.

Das Denken kam in dieser Formulierung schon gar nicht mehr vor. Und mit was? Mit Recht.

Das Grübeln ist schwer aus der Mode gekommen. Wer als grüblerisch oder gar nachdenklich gilt, steht in der Vorstellung der meisten Leute schon auf dem Geländer der Golden Gate Bridge und weint Tränen des Abschieds in die Bucht von San Francisco.

Ihr könnt über mich denken, was ihr wollt: Ich bin ja kein Berufs-Philosoph geworden, sondern fahre für Geld Leute von einer Gegend in eine andere. Wer zu mir ins Taxi steigt, der ist bald schon hin und weg – hin, wo er wollte, und weg, wo er war. So einfach ist der Job. Von daher will ich mich jetzt auch nicht aufschwingen, meine Überlegungen wie einen Adler über den Köpfen der Menschen kreisen zu lassen.

Ich habe zwar mal in viele ganz schlaue Bücher reingeguckt und mit den Herren Professoren gesprochen. Dann jedoch hängte ich mein damals noch ellenlanges Haar aus dem Fenster des Elfenbeinturmes und kletterte wieder hinab. An meinem eigenen Haar – das muss man sich mal vorstellen! Paul Borchert, du verrückter Hund, dachte ich mir!

Aber was sollte ich auch da oben im Elfenbeinturm, außer die ganzen Elefanten zu beweinen, die für diesen Bau draufgegangen sind? Es hat doch kaum einer was davon, wenn dort oben von den Herren Professoren bis auf die blutige Erzfeindschaft debattiert wird, ob der bedeutendste Neoplatoniker des 4. Jahrhunderts im siebten Buch auf der zweihundertsechzehnten Seite in Zeile vierzehn einem fatalen Übersetzungsirrtum aufgesessen ist oder nicht.

Wenn sie vorm Fleischregal im Supermarkt stehen und nicht wissen, ob es jetzt okay ist, sich die billige Leberwurst zu kaufen, dann helfen einem solche Informationen doch kein Stück! Dann hilft einem höchstens zu wissen, dass da kleingehäckselte Igelhoden drin sind.

Gut, okay, schlechtes Beispiel – das wissen ja alle.

Aber die Tendenz ist tatsächlich, dass nicht nur die Philosophie-Professoren, sondern auch wir essenzielle Fragen aus unserem Alltag ausblenden. Und damit meine ich nicht die Frage nach der Leberwurst, sondern die Fragen nach dem Leben, Sterben, dem Sinn, der Liebe, der Freundschaft und dem ganzen heiteren und tragischen Drumherum.

Man kann an dieser Stelle einwenden, dass einem dieses Buch bei diesen Fragen auch nicht mehr hilft als eine kirgisische Kirmeswahrsagerin mit Sprung in der Glaskugel.

Aber wenn nur einem klar geworden ist, dass es da ein, zwei echt gute Fragen gibt, über die man sich mal Gedanken machen könnte, weil sie sehr wohl das eigene Leben ganz direkt betreffen, dann habe ich mein Ziel schon erreicht.

Und damit meine ich ausnahmsweise mal nicht Gleis 4.

Ansonsten halte ich mich an Wittgenstein: Wenn dieses Buch jemanden erheitert hat, dann soll mir das genügen. Und wenn ich schon mit Zitaten um mich werfe, dann schließe ich mich dem Mann an, den Gandhi für den lustigsten Europäer hielt, George Bernard Shaw, der einmal etwa das Folgende sagte:

»Ich hielt mich für schlau und überzog die bittere Wahrheit in meinen Texten mit einem Zuckerguss aus Humor. Aber mein Publikum war noch klüger, schleckte den Zuckerguss ab und spuckte den Rest wieder aus.«

Und wenn ihr mal in Bochum zum Bahnhof kommt, nehmt ein Taxi oder zwei. Aber bringt sie nachher wieder, wir brauchen die noch.

Ich seh grad, dass gar nicht mehr viele Zeilen über sind, ich muss schnell machen.

Am besten mit einer guten Formel, so als Schlusssatz.

Aber ich hab nur solche Ideen hier:

»Ich hoffe, ihr habt was gelernt. Auf Wiedersehen, euer Paul Borchert.«

»Denken ist voll super.«

»Gehirn ist nicht nur Zombie-Futter.«

»Taxifahren macht schlank – vor allem die Geldbörse.«

Alles Quatsch.

Vielleicht überlasse ich das letzte Wort dem fröhlichsten aller Philosophen, dem guten alten Happy-Griechen Epikur:

»Lachen sollt ihr – und zugleich philosophieren.«

Und jetzt gebt mich ins Altpapier, ich bin müde.

Glossar der schwierigen Wörter in der Reihenfolge ihres Auftretens

Kapitel 2:

Phänomenologie
Philosophische Strömung des 20. Jahrhunderts, die offiziell die Erscheinung der Welt in den Mittelpunkt der Erkenntnistheorie stellt. Inoffiziell ging es dem Begründer, Edmund Husserl, wohl darum, ein wirklich schwierig auszusprechendes Wort zu erfinden.

Vierfache Wurzel des Satzes vom zureichenden Grunde
Titel der Doktorarbeit Arthur Schopenhauers. Grob gesagt geht es darum, dass alles in der Welt zusammenhängt und sich dabei vier Formen von Zusammenhang unterscheiden lassen: physikalische Wirkung, Erkenntnis, Zeit und Raum und schließlich Wille. Weil das jedoch fünf Sachen sind, gehe ich mal davon aus, dass Schopenhauer sich verzählt hat.

ADHS
Kurz für ein sehr langes Wort: Aufmerksamkeitsdefizit-Hyperaktivitätsstörung. Dabei handelt es sich offiziell um eine psychische Störung, die sich durch mangelnde Konzentration und Impulsivi ... WOW! GUCK MAL! EIN EICH-HÖRNCHEN! ES KLETTERT AUF DEN BAUM! HINTERHER!

Rhetorik
Bei Rhetorik geht es nicht nur darum, ein »h« an einer komischen Stelle im Wort zu platzieren, sondern auch um die Kunst, jemandem ordentlich ein Schnitzel an die Ohrmuschel zu tackern. Der Volksmund sagt wohl »Laberbacke« zum Rhetoriker.

Kapitel 3:

Deduktiv, Deduktion
Die Schlussfolgerung vom Allgemeinen auf das Spezielle – sprich: Ich habe eine (allgemeine) Theorie über Gravitation und folgere daraus, wie sich die (spezielle) Kaffeetasse verhalten wird, wenn ich sie loslasse. Bevor der Mensch die Deduktion hatte, ist ziemlich viel Geschirr kaputtgegangen.

Scholastik
Im Mittelalter war diese Herangehensweise bei Philosophen total angesagt. Irgendwas mit Logik. Egal, alle die das cool finden, sind tot oder doof.

Misanthropie
Es gibt ja Miesepeter, die sagen: »Der Mensch ist gut, aber die Leute sind schlecht.« Misanthropen geht das noch nicht weit genug. Sie verachten alle Menschen, also auch sich selbst. Oft sieht man, wie sie ihrem Spiegel drohend mit der geballten Faust zuwinken.

Atheismus
Der Glaube daran, dass es keinen Gott gibt. Im Gegensatz dazu ist Akaffeetassismus der Glaube daran, dass schon wieder keine sauberen Kaffeetassen mehr da sind bzw. dass jemand nicht mehr alle Tassen im Schrank hat. (→ *Kreationismus, S. 155;* → *Deduktion, S. 150.*)

Kapitel 5:

Empirismus
Dabei geht es um die Ansicht, dass alles Wissen auf der Erfahrung der Welt beruht. Klingt erst einmal sehr einleuchtend, wird aber von manchem Philosoph bezweifelt. Das liegt daran, dass diese Philosophen auf Erfahrungen überhaupt keinen Bock hatten und lieber am Schreibtisch geblieben sind. Auf den Umkehrschluss, dass sie ohne Erfahrung keine Ahnung hätten, hatten sie aber erst recht keinen Bock. Generell bockten sie nicht so viel.

Epistemologie
Geiles Wort. Kommt im Buch gar nicht vor, wollte hier nur damit protzen, dass ich es kenne. Heißt übrigens bloß: Er-

kenntnistheorie. Es geht also um die Frage, wie überhaupt etwas in unseren Kopf kommt, das keine Pistolenkugel ist.

Kapitel 6:

Nymphomanie
Veralteter Begriff für übersteigerten Sex-Bock bei Frauen, heute spricht man geschlechtsneutral von Erotomanie. Oder halt von Vielbumserei. Oder Lothar Matthäus. Je nachdem, mit wem man grade so redet.

Zynismus
Der Zynismus gibt irre viele Scrabble-Punkte, aber ansonsten wenig Spaß. Ursprünglich geht der Begriff auf die antiken Kyniker zurück, die recht radikale Skeptiker waren, also an allem herumzweifelten. Heute meint man mit »zynisch« meist Denkweisen oder Aussagen, die Gefühle anderer Menschen und gesellschaftliche Konventionen missachten. Das wohl grausamste Beispiel für Zynismus ist das Schild mit der Aufschrift »Arbeit macht frei«, das über dem Eingang des Konzentrationslagers in Auschwitz hing.

Kapitel 7:

Reinkarnation
Die Wiedergeburt in einem anderen Wesen. Es gibt Leute, die glauben, dass es von unserem Verhalten in diesem Leben abhängt, als was wir im nächsten Leben wiedergebo-

ren werden. Wer nicht nett ist, also z. B. Eichhörnchen mit als Haselnuss bemalten Murmeln ärgert, der wird als etwas echt Schlimmes wiedergeboren, sagen wir mal: als Paul Borchert.

Repetitiv
Wenn sich etwas immer wiederholt, dann ist es repetitiv. In der neueren Literatur erfreut sich dieses Stilmittel wachsender Beliebtheit, insbesondere seit der Erfindung von Kopieren & Einfügen.

Kapitel 9:

Zarathustra
»Also sprach Zarathustra« ist ein Hauptwerk von Friedrich Nietzsche und sprachlich so imposant wie sein Schnurrbart. Allerdings ist »Also sprach Zarathustra«, anders als die meisten Werke Nietzsches, kein Sachbuch, sondern hymnische Prosa über einen fiktiven Charakter, der mit dem historischen Zarathustra, einem persischen Priester und Religionsstifter, den Namen gemein hat.

Kapitel 13:

Neuronen
Kleine Denk-Dinger im Kopp drin. Manchmal schauen welche aus dem Ohr raus. Aber nur ganz kurz.

Veitstanz
Der Veitstanz war ein Phänomen des Mittelalters. Menschen tanzten unfreiwillig, bis sie erschöpft zusammenbrachen. Man geht davon aus, dass religiöser Wahn, Spinnengift und/oder pflanzliche Drogen der Grund für diese regelrechte Epidemie von Tanzwut waren. Heute diagnostiziert man eher »Morbus Jazzdance«.

Kapitel 14:

Diskrepanz
Eine Diskrepanz besteht z.B. zwischen dem Konsum einer Flasche Nordhäuser Doppelkorn und dem anschließenden Vorhaben, auf einem Hochseil über dem Grand Canyon einen Spagat zu machen. Man könnte stattdessen auch »Widersprüchlichkeit« dazu sagen, aber dann wundern sich die anderen Akademiker, warum man nicht ein schwierigeres Wort benutzt hat. Es sei denn, sie haben vorher auch eine Flasche Doppelkorn getrunken, dann sind sie etwas lockerer.

Assoziation
Verbindung, aber nicht im Sinne von Studentenverbindung. Auch nicht im Sinne von Telefonverbindung. Und erst recht nicht im Sinne eines Telefonats mit einer Studentenverbindung.

Kapitel 15:

Kreationismus
Dieses Weltbild geht davon aus, dass Gott die Erde geschaffen und dabei Dinosaurierknochen vergraben hat, um unseren Glauben zu testen. Unser Hund *(griech. Kynos → Zynismus, S. 152)* hat früher auch immer Knochen im Garten vergraben. Göttlich.

Kapitel 16:

Respawnen
So heißt das, wenn in einem Videospiel die Figur, die man spielt, umkommt und an einer früheren Stelle der Geschichte »wiederaufersteht«, um es erneut zu versuchen. *(→ Reinkarnation, S. 152)*

Kapitel 18:

Walhalla
Walhall oder Walhalla ist in der nordischen Mythologie der Ort, an den die ehrenhaft in der Schlacht Gefallenen kommen. Dort trinken sie Met und prügeln sich bis ans Ende der Ewigkeit. Allemal besser als Engelschöre.

Anarchie
Die Abwesenheit von Herrschaft in einer sozialen Ordnung. Wird sehr gerne verwechselt mit Chaos und Regellosigkeit. Anarchie ist gut, sagt mein Chef.

Dissonanz
Ein Intervall oder Akkord, dessen Töne nicht so recht zusammenpassen wollen. Also quasi die EU der Musik.

Hyperbolisch
Echt übertrieben.

Kapitel 19:

Quietiv
Zu jeder Handlung gibt es ein Motiv, also etwas, das wir mit dieser Handlung erreichen wollen. Das Quietiv ist das Gegenteil zum Motiv – es geht aber nicht darum, etwas nicht zu wollen, sondern einfach generell nicht zu wollen. Der Grand Wizard dieser Idee, die Welt abzulehnen und nichts mehr zu wollen, war Arthur Schopenhauer. Daran gehalten hat er sich übrigens nicht. Er wollte immer noch ein zweites Stück Käsekuchen.

Askese
Freiwillige Enthaltsamkeit, insbesondere Verzicht auf Genussmittel und Sexualität. Dadurch will der Asket üblicherweise ein höheres Ziel erreichen, gerne Ab- oder Jenseitiges. Das ist aber (As)Käse.

Kapitel 21:

Kausalität
Die Beziehung zwischen Ursache und Wirkung. In letzter Zeit sollen sie sich aber auseinandergelebt haben.

Kapitel 22:

Juvenil
Jugendlich. Der Fußballclub »Juventus (=Jugend) Turin« wird gerne als »Alte Dame« bezeichnet.

Plattentektonik
Die Theorie über die Bewegungen der Erdkruste und im Erdmantel. Die Kontinente verschieben sich dabei langsam, Berge türmen sich auf, die Erde bebt, Inseln versinken – bei der Plattentektonik ist richtig was los.

Exegese
Die Auslegung von Texten, meist im Bezug auf die Bibel benutzt. Ein Bibel-Exeget ist also jemand, der darüber nachdenkt, was die Texte in der Bibel uns eigentlich sagen wollen. »Eure Rede aber sei: Ja ja, nein nein« (Matth. 5,37).

Euphemismus
Beschönigung. Beispiel: »Seniorenresidenz« für »Altenheim«. Knalligeres Beispiel: »Seniorenresidenz« für »Friedhof«.

Epilog:

Neoplatonismus
In der Spätantike dominierende philosophische Strömung, in der Platons Lehre neu ausgelegt und zu einem komplexen System ausgebaut wurde, das Platon niemals unterschrieben hätte. Bedeutendster Vertreter war Plotin, der gerne auf Platons Ideenlehre steilging.

Wörter, die so schwierig sind, dass sie in diesem Buch nicht vorkommen:

Exorzismus
Religiöse Kamasutra-Übung, bei der man erstaunlicherweise kein Apfelmus aus dem Ohr zieht, sondern den Teufel aus der Seele. Darum heißt es auch nicht Ex-Ohr-Zieh's-Mus. Ist aber ähnlich schmutzig.

Neologismus
Ein Neologismus ist ein neues Wort (z.B. »ROFLCopter«) – manchmal aber auch ein altes Wort mit neuer Bedeutung (z.B. »Rohling«). Dabei ist »Neologismus« selbst übrigens ein uraltes Wort, was irgendwie ein bisschen albern ist.

Panlogismus
Der Panlogismus geht davon aus, dass der Lauf der Welt einem vernünftigen Plan folgt bzw. dass es einen vernünftigen Weltgeist gibt. Weltweit leben derzeit etwa sieben Milliarden Gegenbeweise.

Bildnachweis

Seite 13 **Weise**
Wikipedia.org, Gautama Buddha
Anastasios71/Shutterstock.com
Philip Lange/Shutterstock.com
Ron and Joe/Shutterstock.com

Seite 21 **Rebels**
Wikipedia.de, Paul Feyerabend
Neftali/Shutterstock.com
ChameleonsEye/Shutterstock.com
Wikipedia.de, Jean-Jacques Rousseau

Seite 31 **Ideal**
Wikipedia.de, Platon
Wikipedia.de, Friedrich Wilhelm Joseph Schelling
Wikipedia.de, Platon
Nicku/Shutterstock.com

Seite 47 **Girls**
Wikipedia.de, Hildegard von Bingen
Wikipedia.de, Simone de Beauvoir
tristan tan/Shutterstock.com
Wikipedia.de, Arthur Schopenhauer

Seite 57 **Croissant**
Georgios Kollidas/Shutterstock.com
Wikipedia.de, René Descartes
Nicku/Shutterstock.com
Wikipedia.de, Jean-Paul Sartre

Seite 81 **Mönche & Partyvolk**
Wikipedia.de, Thomas von Aquin
Wikipedia.org, Epicurus
Fer Gregory/Shutterstock.com
Alexey V Smirnov/Shutterstock.com

Seite 95 **Crazy**
Wikipedia.de, Empedokles
Wikipedia.de, Ludwig Wittgenstein
Wikipedia.de, Friedrich Nietzsche
Ron and Joe/Shutterstock.com

Seite 109 **Streber**
Panos Karas/Shutterstock.com
Wikipedia.de, Georg Wilhelm Friedrich Hegel
Nicku/Shutterstock.com
Wikipedia.de, Edmund Husserl

Seite 125 **Inselaffen**
Georgios Kollidas/Shutterstock.com
Wikipedia.de, John Locke
Georgios Kollidas/Shutterstock.com
Wikipedia.de, Bertrand Russell

Seite 141 **Sexy Singles**
Wikipedia.org, Thales
Bocman1973/Shutterstock.com
Renata Sedmakova/Shutterstock.com
Wikipedia.de, Gottfried Wilhelm Leibniz

Kennt Ihr schon Blanko?

Mischa-Sarim Vérollet
Irgendwas mit Menschen
Klappenbroschur
14,5 x 21,5 cm,
224 Seiten

Er hat nichts gegen Menschen, viele seiner besten Freunde sind welche – Mischa-Sarim Vérollet wundert sich bloß: Warum verraten Menschen das Ende von Filmen? Gibt es einen Unterschied zwischen Serviettentechnik und Verhaltenstherapie? Schauen in einem Paralleluniversum Pandabären lustige Menschenvideos? In 33 satirischen Kurzgeschichten entführt uns der Gonzophilosoph in eine Gedankenwelt voll rabenschwarzen Humors und geht zur Freude seiner Leser dorthin, wo es wehtut. Ein wunderbares Panoptikum skurriler Figuren und Situationen. Menschen, Mitesser, Mitfahrgelegenheiten – das Leben ist noch immer keine Waldorfschule!

So einfach geht's:

1.  **www.carlsen.de/ebookinklusive** aufrufen.

2. 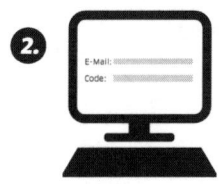 Gewünschtes E-Book-Format auswählen und die eigene E-Mail-Adresse und folgenden Code eingeben:

SZJTX-7N8SZ-ED69K

3.  Der Downloadlink wird an die angegebene E-Mail-Adresse verschickt. E-Book herunterladen und auf mobiles Endgerät übertragen.

4.  Viel Spaß beim Lesen!